TALKING BUSINESS IN
FRENCH

Dictionary and Reference
for International Business

Phrases and Words You Need to Know

by Beppie Le Gal

BARRON'S EDUCATIONAL SERIES, INC.
New York • London • Toronto • Sydney

All inquires should be addressed to:
Barron's Educational Series, Inc.
113 Crossways Park Drive
Woodbury, New York 11797

Library of Congress Catalog Card No.
86-20595
International Standard Book No.
0-8120-3745-6

**Library of Congress Cataloging-in-
Publication Data**
Le Gal, Beppie
    Talking Business in French

    1. Business—Dictionaries. English
language—Dictionaries—French. 3.
Business—Dictionaries—French. 4. French
language—Dictionaries—English. I. Title.
HF1002.L419   1987   650'.03
86-20595
ISBN 0-8120-3745-6 (pbk.)

CONTENTS

Preface and Acknowledgments   iv

Pronunciation Guide   1

Introduction   4
Doing Business in French-speaking Countries
by Pierre Weill, Consultant in International Trade
and Former Commercial Attaché, French Embassies
in United States and Great Britain

Before You Go...   8

BASIC WORDS AND PHRASES   10

General words and phrases for getting by, including
amenities, answers to standard questions, and other
essential expressions.

BUSINESS DICTIONARY   39

English to French   39
French to English   125
Key Words for Key Industries   205

GENERAL INFORMATION   227

Abbreviations   227
Weights and Measures   231
Temperature and Climate   232
Communications Codes   233
Postal Services   234
Time Zones   235
Major Holidays   237
Currency Information   237
Major Business Periodicals   238
Annual Trade Fairs   239
Travel Times   242
Travel Tips   245
Major Hotels   247
Major Restaurants   252
Useful Addresses   255
Maps   257

PREFACE

It is the nature of business to seek out new markets for its products, to find more efficient ways to bring its goods to more people. In the global marketplace, this often means travel to foreign countries, where language and customs are different. Even when a businessperson knows the language of the host country, the specific and often idiosyncratic terminology of the business world can be an obstacle to successful negotiations in a second language. Pocket phrase books barely scratch the surface of these problems, while standard business dictionaries prove too cumbersome.

Now there is a solution—*Barron's Talking Business in French.* Here is the essential pocket reference for all international business travelers. Whether your business be manufacturing or finance, communications or sales, this three-part guide will put the right words in your mouth and the best expressions in your correspondence. It is a book you'll carry with you on every trip and take to every meeting. But it is also the reference you'll keep on your desk in the office. This is the business dictionary for people who do business in French.

This book is one of a new series of business dictionaries. We welcome your comments on additional phrases that could be included in future editions.

Acknowledgments

We would like to thank the following individuals and organizations for their assistance on this project:

Jean-Paul Angé, director of the French Industrial Development Agency, New York City; Antoine Castarde and François Carayol of the French-American Chamber of Commerce, New York City; Andrea Colls-Halpern of the French Consulate, New York City; John Downes, Business Development Consultant, Office for Economic Development, New York City; Claude Le Goff, Director of French Division of MIBS, University of South Carolina; Claire F. Raick, executive director of the Belgian American Chamber of Commerce, New York City; and Warren T. Schimmel, Senior Vice-President, Academic Affairs, The Berkeley Schools.

Portions of Part I of this book are reprinted with permission from *French At a Glance,* by Gail Stein; and from *Travel Diary* (French), both published by Barron's Educational Series, Inc.

PRONUNCIATION GUIDE

This book assumes you are already somewhat familiar with the basic pronunciation rules of French, but for those whose knowledge is a little rusty, here are some tips. Below are tables which give the sounds represented by each French letter.

Stress

Since all French syllables have approximately the same amount of stress, pronounce each syllable with equal emphasis and put a slightly stronger emphasis on the last syllable of a word group.

Consonants

In French, final consonants are usually silent, except for final C, R, F, and L (as in CaReFuL), which are usually pronounced.

FRENCH LETTER	ENGLISH SOUND	EXAMPLE
b, d, f, k, l, m, n, p, s, t, v, z	same as English same as English	
c (before e, i, y)	SS (S at beginning of word)	cigare *see-gahr*
ç (before a, o, u)	SS (S at beginning of word)	garçon *gahr-ssohn*
c (before a, o, u)	K	comme *kohm*

FRENCH LETTER	ENGLISH SOUND	EXAMPLE
g (before e, i, y)	S as in pleasure	rouge *roozh*
ge (before a, o)	S as in pleasure	mangeons *mahn-zhohn*
g (before a, o, u)	G	gant *gahn*
gn	nyuh as in onion	oignon *oh-nyohn*
h	always silent	hôtel *oh-tehl*
j	S as in pleasure	je *zhuh*
qu, final q	K	cinq *sank*

NOTE: When combined with a word beginning with a vowel or *h*, *x* has a *z* sound. Before a word beginning with a consonant, it is silent.

FRENCH LETTER	ENGLISH SOUND	EXAMPLE
r	Roll the R at the top back of the mouth as if you were gargling or spitting.	rue *rew*
ss	S	poisson *pwah-ssohn*
s	beginning of word	six *sees*
s	next to consonant	disque *deessk*
s	between vowels	poison *pwah-zohn*
th	T	thé *tay*
x	S in these words only	six *seess*, dix *deess*, soixante *swah-ssahnt*
x	X	excellent *ehkss-eh-lahn*

FRENCH LETTER	ENGLISH SOUND	EXAMPLE
a, à, â	A as in yacht or A in after	la *lah*
é, final er, final ez, et	A as in day	musée *mew-zay*
e + 2 consonants, e + final pronounced consonant e, ê, è	E as in ever	sept *seht*
e	sometimes like E of early with no R sound	le *luh*
i (î), y	EE as in meet	île *eel*
i + vowel or ll	Y as in yes	famille *fah-mee*
o + final pronounced consonant	O as in for	homme *ohm*
o, o before se, o last sound in word, au, eau	O as in open	au *oh*
ou	OO as in tooth	où *oo*
oy, oi	WA as in watch	trois *trwah*
U	There is none. Round lips and say E and U at same time.	du *dew*
U + vowel	WEE as in wee	huit *weet*

Nasal Sounds

Nasal sounds are produced through the mouth and the nose at the same time. Nasal sounds occur when N or M follow a vowel in the same syllable. There is NO nasal sound for VOWEL + NN, VOWEL + MM, VOWEL + N + VOWEL, VOWEL + M + VOWEL. NOTE: n̲ means there is a nasalized pronunciation of the "N" sound. The tip of the tongue does not touch the roof of the mouth.

FRENCH LETTER	ENGLISH SOUND	EXAMPLE
AN, AM, EN, EM	similar to on	France *Frahn̲ss*
IN, IM, AIN, AIM	similar to an	pain *pan̲*
IEN	Similar to yan of Yankee	bein *byan̲*
ON, OM	similar to on of long	bon *bohn̲*
UN, UM	similar to un of under	un *uhn̲*

Liaison and Elision

Liaison and elision are two linguistic devices that add to the beauty and fluidity of the French language.

Liaison means linking. In French, the final consonant of a word is usually not pronounced. Sometimes, however, when the final consonant of one word is followed by a beginning vowel or "H" of the next word, liaison occurs.

Nous arrivons.   *noo zah-ree-vohn̲*

With the following words in French, the final vowel is dropped if the next word starts with a vowel or "H." The dropped vowel is replaced by an apostrophe. This is called elision.

la auto = l'auto   *(loh-toh)*
le homme = l'homme   *(lohm)*

INTRODUCTION

DOING BUSINESS IN FRENCH-SPEAKING COUNTRIES

by Pierre Weill, Consultant in International Trade and Former Commercial Attaché, French Embassies in United States and Great Britain

Doing business with another culture and in another language can be a difficult and mystifying experience. Customs and procedures may be quite different from what is perceived as the "normal" way of conducting oneself in a business circumstance.

In this introduction, some of the customs and economic aspects of French-speaking countries are outlined, in order to assist you in effectively conducting business in these areas. Basic knowledge of these factors will help in becoming more accustomed to the business situation of the French-speaking world.

Usual Hours of Operation

France	Monday to Friday 9:00 AM – 12:30 PM and 3:30 PM – 6:30 PM
Belgium	Monday to Friday 8:30 AM – 12:00 PM and 1:00 PM – 5:00 PM
Luxembourg	Monday to Friday 8:30 AM – 12:00 PM and 2:00 PM – 5:30 PM
Switzerland	Monday to Friday 7:30 AM – 5:30 PM with 1–2 hours lunch
Canada (Quebec)	Monday to Friday 9:00 AM – 5:00 PM (business)
Canada (Quebec)	Monday to Friday 8:30 AM – 4:30 PM (administrations)

Business Customs

France: French businessmen tend to be rather formal and conservative, although this reserve is less obvious today than 15 or 20 years ago, especially among the younger executives. Don't use first names; address your partner as "Monsieur" or "Madame." Don't forget to shake hands when meeting someone and when taking leave.

Belgium: The same recommendations applicable to France can be followed in Belgium. A difference, however, is that you should always address the businessman or -woman by last name or title.

Luxembourg: Luxembourgers guard jealously their separate identity and should not be considered as French, German, or Belgian, even though they speak Luxembourger (a German dialect) and French.

Switzerland: Discretion is highly valued in all circumstances. Punctuality is important for any occasion, business or social. Refrain from a first-name basis, also.

Canada (Quebec): Quite similar to the rest of North America, but it should be remembered that 80% of the population of the Quebec Province speaks French—more than 6 million people.

General Government Policy and Economic Situation

(Statistics given in this section are generally accurate for the mid-1980's period.)

France: The French economy combines free enterprise and some nationalized companies such as the railroads, the electric and gas utilities, and coal mines, two oil companies, the telephone system, Air France and Air Inter (the domestic airline), the three largest commercial banks, some insurance companies, the Renault Automobile Company, radio and television networks, etc.

Main imports: Machinery, petroleum products, iron and steel, livestock, various manufactured goods.

Main exports: Transportation equipment, iron and steel, cereals, chemicals, various manufactured goods.

Inflation rate: 9.5%.

Future development in trade policies: The new government has announced a policy of privatization for the return of a number of nationalized firms to the private sector.

Principal trading partners: West Germany, Benelux, United Kingdom, Italy, the United States, Switzerland.

Population: 54.9 million.

Language: French.

Religion: Roman Catholic (88%).

GNP: $492.3 billion.

GNP per inhabitant: $8,960.

Unemployment rate: 9.8%.

Prime rate: 11.50%.

Belgium: Belgium is an industrialized country as well. Its privately owned economy is export oriented. Only 2.7% of the population is engaged in agriculture. The GNP was $70.46 billion in 1981.

Main imports: Raw materials, capital equipment, motor vehicles, consumer goods, diamonds, petroleum.

Main exports: Motor vehicles, foodstuffs, machinery, iron, steel, manufactured metals, textile yarns and fabrics, chemicals, precious stones.

Because Belgium has to import practically all its raw materials and energy requirements, foreign trade is of vital importance.

Major trading partners: France, West Germany, the Netherlands, United Kingdom, the United States.

Inflation rate: 7% (1983).

Population: 9.9 million.

Languages: Dutch (Flemish) (56%), French (44%).

Religion: Roman Catholic.

GNP: $77.6 billion.

GNP per inhabitant: $7,838.

Unemployment rate: 14%.

Prime rate: 14%.

Luxembourg: A small industrialized country relying essentially upon foreign markets. Exports represent 80% of GPD (gross domestic product). In the last fifteen years, the capital city of Luxembourg has become a flourishing international center with 115 banks (1981). Second capital of the E.E.C. (European Economic Community) after Brussels. In monetary and customs union with Belgium.

Main imports: Most industrial and consumer goods, foodstuffs.

Main exports: Iron and steel, chemicals.

Foreign trade plays an important part in the Luxembourg economy, owing to its lack of natural resources other than iron ore. Luxembourg must import almost all its petroleum products and coal, hence a trade deficit of 23 billion LF (1981), which is largely compensated by the positive balance of services, due mainly to bank surpluses.

Inflation rate: 9% (1983).

Population: 365,000.

Languages: Luxembourger, French, German.

Religion: Roman Catholic.

GNP: $5.7 billion.

GNP per inhabitant: $11,190.

Unemployment rate: 1%.

Switzerland: Switzerland is a highly industrialized

country based on a free market economy.

Major industries: Machinery, machine tools, precision instruments, chemicals, pharmaceuticals, textiles.

Main imports: Foodstuffs, agricultural and forestry products, coal, oil, textiles, clothing, paper, leather goods, construction materials, metal products, motor vehicles, raw materials.

Main exports: Precision instruments, watches, machinery, chemicals, pharmaceuticals, electronics, textiles.

Principal trading partners: West Germany, France, the United States, Italy, the United Kingdom.

Inflation rate: 4% (1983).

Population: 6.6 million.

Languages: German (65%), French (18%), Italian (10%), Romansch (1%), others (6%).

Religion: Roman Catholic (48%), Protestant (44%), others (8%).

GNP: $96.1 billion.

GNP per inhabitant: $14,773.

Unemployment rate: 1.2%.

Prime rate: 6%.

Canada (Province of Quebec):   The government encourages the initiative of the private sector in the field of small and medium size business and export.

Main industries: Foods and beverages, paper, metals, transportation equipment, oil and coal, chemicals.

Main imports: Automobiles and chassis, asphalt products, auto parts, nonknit outerwear, electronic tubes and semiconductors, etc.

Main exports: Paper (for printing), aluminum and alloys, automobiles and chassis, lumber, aircraft engines, etc.

Main trading partners: United States, Japan, West Germany, United Kingdom, France.

Population: 6.5 million.

Languages: French (80%), English (20%).

Religion: Roman Catholic.

GNP: $27.7 billion (1981).

GNP per inhabitant: $9,306.

Unemployment rate: 12.2%.

Prime rate: 12.1% (1984).

During negotiations in all French-speaking countries, the pace is usually slower and it would be advisable not to use the hard-sell method. As elsewhere, an appointment is preferred and telephoning is recommended if detained. Courtesy goes a long way in smoothing the relationship.

BEFORE YOU GO . . .

Passports

All permanent U.S. residents must carry a valid passport. Application should be made by mail or in person at least eight (and preferably twelve) weeks in advance to either (1) a U.S. Passport Agency office located in twelve major cities and Washington, D.C.; (2) designated U.S. post offices throughout the country; or, (3) State and Federal courthouses. You may also consult your travel agent or international airline office. All of these offices will let you know what documents you need and the proper procedures to follow. Requirements for citizens and non-citizens differ somewhat. No international travel tickets will be issued by an airline or travel agent to persons without valid passports.

Visas

No visas are required by Belgium and Switzerland for travelers with U.S. passports whose stay does not exceed three months. Since September, 1986, all travelers going to France need a special visa. All necessary information can be obtained at any French consulate in the United States.

Immunizations

There are no immunization requirements (for smallpox or other diseases) for entry into these countries or upon return to the United States. If you plan to include travel outside Europe to Asia, Africa, or the Middle East, consult your doctor or the nearest U.S. Public Health Service office.

Customs and Currency Regulations

In general, travelers with U.S. passports are allowed to bring in fairly generous amounts of duty-free items for their own *personal* use. These items include tobacco, alcohol and perfumes and are typically allowed in the following quantities (despite local variation):

    400 cigarettes *or* 100 cigars *or* 500 grams of
       tobacco (about 1 lb.)
    2 liters of wine
    1 liter of liquor
    2 ounces of perfume

If you are not well in excess of these amounts, a simple statement of "nothing to declare" will be respected by most customs officials.

For gifts whose final destination is the country you are entering, the rules are a bit stricter and vary greatly among the different countries. It would be wise to check on the duty-free limits beforehand and to declare whatever is in excess.

For personal valuables like jewelry or furs and foreign-made items like watches, cameras, typewriters or tape recorders (acquired before your trip) you should have proof of prior possession or register with U.S. Customs before departure. This will ensure that they are not subject to duty either by the United States upon return or by any country you visit.

Upon return to the United States, each person has a duty-free allowance of $400, including 100 cigars and 1 carton of cigarettes. Each adult may bring in only 1 liter of wine *or* other liquor duty-free. Gifts worth $50 or less may be sent home subject to certain restrictions. For further up-to-date details, ask your travel agent or airline to provide a copy of U.S. customs regulations.

There are no restrictions on the amounts of *foreign currency* (or checks) that foreign nationals may bring *into* these countries, but if in doubt, consult your travel agent.

Traveler's Checks, Credit Cards, Foreign Exchange

All major international traveler's checks and credit cards are accepted by most of the hotels, restaurants, and shops. The most recognized are: American Express, Barclays, Visa, CitiBank, and Bank of America. The cards most acceptable are: American Express, MasterCard, Visa, and Diners Club.

However, be advised that the exchange rate on dollar traveler's checks is almost always disadvantageous. If you want, you can buy foreign currency checks and/or actual currency in the United States before leaving at rates equivalent to or better than the bank rate you will get over there. Currency or checks may be purchased from retail foreign currency dealers. The largest of these, Deak-Perera, will send information if you contact them at: 29 Broadway, New York, NY 10006, (212) 757-6915.

A warning to credit card users: When charging, make sure that the following information appears on the original and all copies of your bill: the correct date; the type of currency being charged (*francs, marks, kroner,* etc.); the official exchange rate for that currency on that date (if possible); and, the total amount of the bill. Without this information, you may end up paying at an exchange rate less favorable to you and more favorable to your European host, and for a larger bill than you thought!

Drivers' Licenses

A valid American (state) license is usually respected. However, if you have time, and want to avoid language problems on the road, it is a good idea to get an international drivers' document through the AAA or a local automobile club.

Electrical Appliances

If you plan to bring along any small electrical appliances for use without batteries, be aware that Europe's system of electric current and voltage differs from ours. If your appliance has no special internal adapters or converters made especially for use in Europe, you will have to supply your own. For most appliances, you will need *plug adapters* (one for continental Europe and one for Great Britain) that provide the proper number and shape prongs for European outlets.

Different American-made appliances (irons, hair dryers, razors, radios, battery rechargers, etc.) need either *adapters* or *converters* to change European voltage and frequency levels. In France, Switzerland, and Belgium, 220–230 volts AC is almost standard, although 110–115 can still be found in some places.

For further detailed information on foreign electricity, contact Franzus Company, 352 Park Avenue South, New York, NY 10010, (212) 889-5850.

BASIC WORDS AND PHRASES

Fundamental Expressions

Yes.	Oui. (wee)
No.	Non. (nohn)
Maybe.	Peut-être. (puh-teh-truh)
Please.	S'il vous plaît. (seel voo pleh)
Thank you very much.	Merci beaucoup. (mehr-ssee-boh-koo)
Excuse me.	Excusez-moi or Pardon. (ehkss-kew-zay mwah) (pahr-dohn)
I am sorry.	Je suis désolé(e). (zhuh swee day-zoh-lay)
Just a second.	Un moment. (uhn moh-mahn)
That's all right.	Ça va. (sah vah)
O.K.	D'accord. (dah-kohr)
	Bien entendu. (byan nahn-tahn-dew)
It doesn't matter.	Ça ne fait rien. (sah nuh feh ryan)

Sir	Monsieur (muh-ssyuh)
Madame (Mrs.)	Madame (muh-dahm)
Miss	Mademoiselle (mahd-mwah-zehl)
Good morning.	Bonjour. (bohn-zhoor)
Good afternoon.	Bonjour. (bohn-zhoor)
Good evening.	Bonsoir. (bohn-swahr)
Good night.	Bonne nuit. (bohn-nwee)
Good-bye.	Au revoir. (oh-ruh-vwahr)
Glad to make your acquaintance.	Enchanté de faire votre connaissance. (ahn-shahn-tay duh fehr voh-truh koh-neh-ssahnss)
How are you?	Comment allez-vous? (koh-mahn tah-lay-voo)
Very well, thank you.	Très bien, merci. (treh byan mehr-ssee)
And you?	Et vous? (ay voo)
Fine.	Bien. (byan)
Allow me to introduce myself. My name is . . .	Permettez moi de me présenter. Je m'appelle . . . (pehr-meh-tay mwah duh muh pray-zahn-tay) (zhuh mah-pehl)
How do you do? (Glad to meet you.)	Enchanté de faire votre connaissance. (ahn-shahn-tay duh fehr voh-truh koh-neh-ssahnss)
The pleasure is mine.	Le plaisir est partagé. (luh pleh-zeer eh pahr-tah-zhay)
Where are you from?	Où habitez-vous? (oo ah-bee-tay voo)
How long will you be staying?	Combien de temps resterez-vous? (kohn-byan duh tahn rehss-tray voo)
Where are you staying in town?	Où êtes-vous descendu? (oo eht voo dehss-sahn-dew)
Where can I reach you?	Où puis-je vous joindre? (oo pwee-zhuh voo zhwahn-druh)
Here's my address and my telephone number.	Voici mon adresse et mon numéro de téléphone. (vwah-ssee mohn nah-drehss ay mohn new-may-roh duh tay-lay-fohn)
Could you pick me up at my hotel this evening?	Pouvez-vous passer me prendre à mon hôtel ce soir? (poo-vay voo pass-say muh prahn-druh ah mohn noh-tehl ssuh swahr)
See you tomorrow.	A demain. (ah duh-man)
See you later.	A tout à l'heure. (ah toot ah luhr)

Communications

Do you speak English?	Parlez-vous anglais? (pahr-lay voo ahn-gleh)
I don't speak French.	Je ne parle pas français. (zhuh nuh pahrl pah frahn-sseh)
I speak a little French.	Je parle un peu français. (zuh pahrl uhn puh frahn-sseh)
Is there anyone here who speaks English?	Y-a-t-il quelqu'un qui parle anglais ici? (ee ah teel kehl-kuhn kee pahrl ahn-gleh ee-ssee)
Please write it down.	Notez-le s'il vous plaît. (noh-tay-luh seel voo pleh)
Please speak more slowly.	Parlez plus lentement, s'il vous plaît. (pahr-lay plew lahnt-mahn seel voo pleh)
Please repeat that.	Répétez-ça, s'il vous plaît. (ray-pay-tay sah seel voo pleh)
How do you say that in French?	Comment dit-on ça en français? (koh-mahn dee tohn sah ahn frahn-sseh)
What does this mean?	Qu'est-ce que ça veut dire? (kehss kuh sah vuh deer)
What is your name?	Comment vous appelez-vous? (koh-mahn voo zah-play voo)
Do you understand?	Comprenez-vous? (kohn-pruh-nay-voo)
I don't understand	Je ne comprends pas. (zhuh nuh kohn-prahn pah)
What did you say?	Qu'est-ce-que vous avez dit? (kehss kuh voo zah-vay dee)

Common Questions and Phrases

Where is the ____?	Où est le/la ____? (oo eh luh/lah ____)
When?	Quand? (kahn)
How?	Comment? (koh-mahn)
How much?	Combien? (kohn-byan)
Who?	Qui? (kee)
Why?	Pourquoi? (poor-kwah)
Which?	Quel/quelle? (kehl/kehl-luh)
Here is ____.	Voici ____. (vwah-ssee)
There is ____.	Voilà ____. (vwah-lah)
It/that is ____.	C'est ____. (seh)

Useful Nouns

address	l'adresse (lah drehss)
amount	le montant (luh mohn-tahn)
appointment	le rendez-vous (luh rahn-day voo)

bill	la facture (lah fahk-tuhr)
business	les affaires (lay zah-fehr)
car	la voiture (lah vwah-tewr)
cashier	la caisse (lah kehss)
check	le chèque, la vérification (luh shehk, lah veh-ree-fee-kah-ssyohn)
city	la ville (lah veel)
customs	la douane (lah dwahn)
date	la date (lah daht)
document	le document (luh doh-kew-mahn)
elevator	l'ascenseur (lah-sahn-suhr)
flight	le vol (luh vohl)
friend	l'ami, l'amie (lah-mee)
hanger	le cintre (luh san-truh)
key	la clé, la clef (lah klay)
list	la liste (lah leesst)
magazine	la revue (la ruh-vew)
maid	la bonne or la femme de chambre (lah bohn or lah fahm duh shahn-bruh)
mail	la poste (lah pohsst)
manager	le directeur (luh dee-rehk-tuhr)
map	la carte (lah kahrt)
mistake	l'erreur (leh-ruhr)
money	l'argent (lahr-zhahn)
name	le nom (luh nohn)
newspaper	le journal (luh zhoor-nahl)
office	le bureau (luh bew-roh)
package	le colis (luh koh-lee)
paper	le papier (luh pah-pyay)
passport	le passeport (luh pahss-pohr)
pen	le stylo (luh stee-loh)
pencil	le crayon (luh kreh-yohn)
porter	le porteur or le portier (luh pohr-tuhr or luh pohr-tyay)
post office	la poste or les P.T.T. (lah pohsst or lay pay-tay-tay)
postage	l'affranchissement (lah frahn-sheess-mahn)
price	le prix, le tarif (luh pree, luh tah-reef)
raincoat	l'imperméable (lan-pehr-may-ah-bluh)
reservation	la place réservée (la plahss ray-zehr-vay)
restroom	les toilettes (lay twah-leht)
restaurant	le restaurant (luh rehss-toh-rahn)

road	la route *or* la voie (lah root *or* lah vwah)
room	la chambre (lah shahn-bruh)
shirt	la chemise (lah shuh-meez)
shoes	la chaussure (lah shoh-ssewr)
shower	le bain-douche (luh ban-doosh)
store	le magasin (luh mah-gah-zan)
street	la rue (lah rew)
suit	le costume (luh kohs-tewm)
suitcase	la mallette (lah mah-leht)
taxi	le taxi (luh tahk-ssee)
telegram	le télégramme (luh tay-lay-grahm)
telephone	le téléphone (luh tay-lay-fohn)
terminal (railroad)	la gare (lah gahr)
ticket	le billet (luh bee-yey)
time	le temps (luh tan)
tip	le pourboire (luh poor-bwahr)
train	le chemin de fer *or* le train (luh shuh-man duh fehr *or* luh tran)
trip	le voyage (luh vwah-yahzh)
umbrella	la parapluie (lah pah-rah-plwee)
waiter	le garçon *or* monsieur (luh gahr-ssohn *or* muh-ssyuh)
watch	la montre (lah mohn-truh)
water	l'eau (loh)

Useful Verbs (infinitive forms)

accept	accepter (ak-ssehp-tay)
answer	répondre (ray-pohn-druh)
arrive	arriver (ah-ree-vay)
ask	demander (duh-mahn-day)
assist	aider (ay-day)
be	être (eh-truh)
begin	commencer (koh-mahn-ssay)
bring	amener (ah-muh-nay)
buy	acheter (ahsh-tay)
call	appeler (ah-peh-lay)
carry	porter (pohr-tay)
change	changer (shahn-zhay)
close	fermer (fehr-may)
come	venir (vuh-neer)
confirm	confirmer (kohn-feer-may)
continue	continuer (kohn-tee-new-ay)
cost	coûter (koo-tay)
deliver	remettre *or* livrer (ruh-meh-truh *or* lee-vray)
direct	addresser (ah-dreh-ssay)

do	faire (fehr)
eat	manger (man-zhay)
end	terminer (tehr-mee-nay)
enter	entrer (ahn-tray)
examine	examiner (ehkss-ah-mee-nay)
exchange	échanger (ay-shan-zhay)
feel	sentir (ssahn-teer)
finish	finir (fee-neer)
fix	fixer (feekss-say)
follow	suivre (swee-vruh)
forget	oublier (oo-blee-yay)
forward	advancer (ah-vahn-ssay)
get	obtenir (ohb-tuh-neer)
give	donner (doh-nay)
go	aller (ah-lay)
hear	entendre (ahn-tahn-druh)
help	assister (ah-sees-tay)
keep	tenir (tuh-neer)
know	savoir or connaître (sah-vwahr or koh-neh-truh)
learn	apprendre (ah-prahn-druh)
leave	quitter (kee-tay)
like	aimer (eh-may)
listen	écouter (ay-koo-tay)
look	regarder (ruh-gahr-day)
lose	perdre (pehr-druh)
make	faire or construire (fehr or kohn-strew-eer)
mean	avoir l'intention (ah-vwahr lan-tahn-ssyohn)
meet	rencontrer (rahn-kohn-tray)
miss	manquer (mahn-kay)
need	avoir besoin de (ah-vwahr buhz-wan duh)
open	ouvrir (oo-vreer)
order	arranger or commander (ah-rahn-zhay or koh-mahn-day)
park	garer or parquer or stationner (gah-ray or pahr-kay or stah-ssyohn-nay)
pay	payer (peh-yay)
prefer	préférer (pray-fehr-ray)
prepare	préparer (pray-pah-ray)
present	présenter (pray-zahn-tay)
prove	éprouver (ay-proo-vay)
pull	tirer (tee-ray)
purchase	acheter (ahsh-tay)
put	mettre (meh-truh)
read	lire (leer)
receive	recevoir (ruh-suh-vwahr)

recommend	recommander (ruh-koh-mah<u>n</u>-day)
register	enregistrer (ah<u>n</u>-reh-zhee-sstray)
remain	rester (rehss-tay)
repair	réparer (ray-pah-ray)
repeat	répéter (ray-pay-tay)
rest	rester (rehss-tay)
return	revenir *or* retourner (ruh-vuh-neer *or* ruh-toor-nay)
run	courir (koo-reer)
say	dire (deer)
see	voir (vwahr)
send	envoyer (ah<u>n</u>-vwah-yay)
show	montrer (moh<u>n</u>-tray)
sit	s'asseoir (sah-sswahr)
speak	parler (pahr-lay)
stand	se lever (suh-luh-vay)
start	commencer (koh-mah<u>n</u>-ssay)
stop	arrêter (ah-reh-tay)
take	prendre (prah<u>n</u>-druh)
talk	parler (pahr-lay)
tell	dire (deer)
think	penser (pah<u>n</u>-ssay)
try	essayer (eh-sseh-yay)
turn	tourner (toor-nay)
use	employer (ah<u>n</u>-plwah-yay)
visit	visiter (vee-zee-tay)
wait	attendre (ah-tah<u>n</u>-druh)
walk	marcher (mahr-shay)
want	vouloir (voo-lwahr)
wear	porter (pohr-tay)
work	travailler (trah-vah-yay)
write	écrire (ay-kreer)

Useful Adjectives and Adverbs

above/below	au-dessus/en bas (oh duh-ssew/ah<u>n</u>-bah)
ahead/behind	en avant/derrière (ah<u>n</u> ah-vah<u>n</u>/deh-ryehr)
best/worst	meilleur(eure)/pire (meh-yuhr/peer)
big/small	grand(e)/petit(e) (grah<u>n</u>[d]/puh-tee[t])
early/late	tôt/en retard (toh/ah<u>n</u> ruh-tahr)
easy/difficult	facile/difficile (fah-seel/dee-fee-seel)
few/many	peu/beaucoup (puh/boh-koo)
first/last	premier/dernier (pruh-myay/dehr-nyay)
front/back	devant/derrière (duh-vah<u>n</u>/dehr-ryehr)

full/empty	plein/vide (plan/veed)
good/bad	bon(ne)/mauvais(e) (bohn[nuh]/moh-veh[z])
hot/cold	chaud(e)/froid(e) (shoh[d]/frwah[d])
high/low	haut(e)/bas(se) (oh[t]/bah[ss])
inside/outside	dedans/au dehors (duh-dahn/oh duh-ohr)
large/small	gros(se)/petit(e) (groh[ss]/puh-tee[t])
more/less	plus/moins (plew/mwan)
near/far	près/loin (preh/lwan)
old/new	vieux (vielle)/nouveau (nouvelle) (vyuh/vyay)/(noo-voh/noo-vehl)
open/shut	ouvert(e)/fermé(e) (oo-vehr/fehr-may)
right/wrong	avoir raison/avoir tort (ah-vwahr reh-zohn)/(ah-vwah tohr)
slow/fast	lent(e)/vite (lahn[t]/veet)
thin/thick	mince/épais(se) (manss/ay-peh[ss])

Other Useful Words

a, an	un, une (uhn) (ewn)
about	environ (ahn-vee-rohn)
across	de l'autre côté (duh doh-truh koh-tay)
after	après (ah-preh)
again	de nouveau (duh noo-voh)
all	tout(e) (too[t])
almost	presque (prehss-kuh)
also	aussi (oh-ssee)
always	toujours (too-zhoor)
among	parmi (pahr-mee)
and	et (ay)
another	un(e) autre (uhn [ewn] oh-truh)
around	autour (oh-toor)
at	à (ah)
away	loin (lwan)
back (of)	derrière (dehr-ryehr)
because	parce que (pahrss kuh)
before	en avant, devant (ahn ah-vahn, duh-vahn)
behind	derrière (deh-ryehr)
between	entre (ahn-truh)
both	tous (les) deux, l'un(e) et l'autre (too [leh] duh, luhn [lewn] ay loh-truh)
but	mais (meh)

down	en bas (ahn-bah)
each	chaque (shahk)
enough	assez (ah-ssay)
even	même (mehm)
every	chaque, tout (shahk, too)
except	sauf (sohf)
few	peu de (puh duh)
for	pour (poor)
from	de (duh)
however	cependant (ssuh-pahn-dahn)
if	si (see)
in	dans (dahn)
instead (of)	au lieu de (oh lyuh duh)
into	dans (dahn)
maybe	peut-être (puh teh-truh)
more	plus (de . . .) or encore (de . . .) (plew [duh . . .] or ahn-kohr [duh . . .]
much	beaucoup (boh-koo)
next (to)	à côté de (ah koh-tay duh)
not	pas (pah)
now	maintenant, immédiatement (mant-nahn, ee-may-dyaht-mahn)
of	de (duh)
often	souvent (soo-vahn)
only	seulement (suhl-mahn)
or	ou (oo)
other	autre (oh-truh)
perhaps	peut-être (puh teh-truh)
same	même (mehm)
since	depuis (duh-pwee)
some	quelque (kehl-kuh)
soon	prochainement (proh-shehn-mahn)
still (yet)	encore (ahn-kohr)
that	ce/cette (ssuh/sseht)
these	ces (sseh)
this	ce/cette (ssuh/sseht)
to	à (ah)
until	jusqu'à (zhewss-kah)
very	très (treh)
with	avec (ah-vehk)

Directions

north	le nord (luh nohr)
south	le sud (luh sewd)
east	l'est (lehsst)
west	l'ouest (lwehsst)
around the corner	au coin, au tournant (oh kwan, oh toor-nahn)

straight ahead	tout droit (too drwah)
left	à gauche (ah gohsh)
in the middle	au milieu, au centre (oh mee-lyuh, oh sahn-truh)
right	à droite (ah drwaht)

Days of the Week

Sunday	dimanche (dee-mahnsh)
Monday	lundi (luhn-dee)
Tuesday	mardi (mahr-dee)
Wednesday	mercredi (mehr-kruh-dee)
Thursday	jeudi (zhuh-dee)
Friday	vendredi (vahn-druh-dee)
Saturday	samedi (sahm-dee)

today	aujourd'hui (oh-zhoor-dwee)
yesterday	hier (yehr)
tomorrow	demain (duh-man)
before, previously	antérieurement (ahn-teh-ryehr-mahn)
next week	la semaine prochaine (lah suh-mehn proh-shehn)
next month	le mois prochain (luh mwah proh-shan)
the day after to-morrow	après-demain (ah-preh duh-man)
the weekend	le week-end (luh week-ehnd)
What day is today?	Quel jour est-ce aujourd'hui? (kehl zhoor ess oh-zhoor-dwee) Quel jour sommes-nous aujourd'hui? (kehl zhoor sohm noo oh-zhoor-dwee)
Today is ____.	C'est aujourd'hui ____. (seh toh-zhoor-dwee) Nous sommes ____. (noo sohm)
2 days ago	il y a deux jours (eel-yah duh zhoor)
in 2 days	dans deux jours (dahn duh zhoor)
every day	tous les jours (too lay zhoor)
day off	(le) jour de congé ([luh] zhoor duh kohn-zhay)
holiday	(le) jour de fête ([luh] zhoor duh feht)
birthday	l'anniversaire (lah-nee-vehr-ssehr)
per day	par jour (pahr zhoor)
during the day	pendant la journée (pahn-dahn lah zhoor-nay)

from this day on	dès aujourd'hui (deh zoh-zhoor-dwee)
the week	la semaine (lah suh-mehn)
a week day	un jour de semaine (uhn zhoor duh suh-mehn)
the week end	le week-end (luh week-ehnd)
last week	la semaine passée (lah suh-mehn pah-ssay)
this week	cette semaine (seht suh-mehn)
next week	la semaine prochaine (lah suh-mehn proh-shehn)
a week from today	d'aujourd'hui en huit (doh-zhoor-dwee ahn weet)
2 weeks from tomorrow	de demain en quinze (duh duh-man ahn kanz)
during the week	pendant la semaine (pahn-dahn lah suh-mehn)

Months of the Year

January	janvier (zhan-vee-yay)
February	février (fay-vree-yay)
March	mars (mahrss)
April	avril (ah-vreel)
May	mai (meh)
June	juin (zhwan)
July	juillet (zhwee-yeh)
August	août (oo or oot)
September	septembre (sehp-tahn-bruh)
October	octobre (ohk-toh-bruh)
November	novembre (noh-vahn-bruh)
December	décembre (day-sahn-bruh)
the month	le mois (luh mwah)
2 months ago	il y a deux mois (eel yah duh mwah)
last month	le mois dernier (luh mwah dehr-nyay)
this month	ce mois (suh mwah)
next month	le mois prochain (luh mwah proh-shan)
during the month of	pendant le mois de (pahn-dahn luh mwah duh)
since the month of	depuis le mois de (duh-pwee luh mwah duh)
for the month of	pour le mois de (poor luh mwah duh)
every month	tous les mois (too lay mwah)
per month	par mois (pahr mwah)
What is today's date?	Quelle est la date d'aujourd'hui? (kehl ay lah daht doh-zhoor-dwee?)

Today is ___.	C'est aujourd'hui ___. (seht oh-zhoor-dwee)
• Monday, May 1	• lundi, le premier mai (luhn-dee luh pruh-myay may)
• Tuesday, June 2	• mardi, le deux juin (mahr-dee luh duh zhwan)

(*NOTE:* Use the ordinal number only for the first of the month.)

the year	l'an/l'année (lahn/lah-nay)
per year	par an (pahr ahn)
all year	toute l'année (toot lah-nay)
every year	chaque année (shahk ah-nay)
during the year	pendant l'année (pahn-dahn lah-nay)

The Four Seasons

spring	le printemps (luh pran-tan)
summer	l'été (lay-tay)
autumn	l'automne (loh-tohn)
winter	l'hiver (lee-vehr)

Time

What time is it?	Quelle heure est-il? (kehl uhr eh teel)
It is ___.	Il est ___. (eel eh)
• noon	• midi (mee-dee)
• 1:05	• une heure cinq (ewn-uhr sank)
• 2:10	• deux heures dix (duh-zuhr deess)
• 3:15	• trois heures et quart (trwah-zuhr ay kahr)
• 4:20	• quatre heures vingt (kah-truh-uhr van)
• 5:25	• cinq heures vingt-cinq (sank-uhr van sank)
• 6:30	• six heures et demie (seez-uhr ay duh-mee)
• 7:35	• sept heures trente-cinq (seht-uhr trahnt-sank)
• 8:40	• neuf heures moins vingt (nuhv-uhr mwan van)
• 9:45	• dix heures moins le quart (deez-uhr mwan luh kahr)
• 10:50	• onze heures moins dix (ohnz uhr mwan deess)
• 11:55	• minuit moins cinq (mee-nwee mwan sank)
• 8:00	• huit heures (weet-uhr)

• 2:30	• deux heures et demie (duhz-uhr ay duh-mee)
• 7:15	• sept heures et quart (seht-uhr ay kahr)
per hour	par heure (pahr uhr)
three hours ago	il y a trois heures (eel yah trwah-zuhr)
early	tôt (toh)
	de bonne heure (duh bohn-uhr)
late	tard (tahr)
late (in arriving)	en retard (ahn ruh-tahr)
on, in time	à l'heure (ah luhr)
noon	midi (mee-dee)
midnight	minuit (mee-nwee)
in the morning	le matin (luh mah-tan)
in the afternoon	l'après-midi (lah-preh mee-dee)
in the evening	le soir (luh swahr)
at night	la nuit (lah nwee)
second	une seconde (ewn suh-gohnd)
minute	une minute (ewn mee-newt)
hour	une heure (ewn uhr)
a quarter of an hour	un quart d'heure (uhn kahr duhr)
a half hour	une demi-heure (ewn duh-mee uhr)

Arrival/Hotel

My name is ____.	Je m'appelle ____. (zhuh mah-pehl)
I am American.	Je suis américain. (zhuh swee zah-may-ree-kan)
I'm staying at ____.	Je suis à ____. (zhuh swee zah)
Here is my passport.	Voici mon passeport. (vwah-ssee mohn pahss-pohr)
• business card.	• carte de visite or carte professionnelle. (kahrt duh vee-zeet or kahrt proh-feh-ssyoh-nehl)
I'm on a business trip.	Je suis en voyage d'affaires. (zhuh swee zahn vwah-yahzh dah fehr)
I'm just passing through.	Je suis de passage. (zhuh swee duh pah-ssazh)
I'll be staying here a few days.	Je resterai ici quelques jours. (zhuh rehss-tray ee-ssee kehl-kuh zhoor)
• a week.	• une semaine. (ewn suh-mehn)
• a few weeks.	• quelques semaines. (kehl kuh suh-mehn)
• a month.	• un mois. (uhn mwah)

I have nothing to declare.	Je n'ai rien à déclarer. (zhuh nay ryan ah day-klah-ray)
I'd like to go to the ___ hotel.	Je voudrais aller à l'hôtel ___. (zhu voo-dreh zah-lay ah loh-tehl)
Where can I get a taxi?	Où puis-je trouver un taxi? (oo pweezh troo-vay uhn tahk-ssee)
I have a reservation.	J'ai retenu une chambre. (zhay ruh-tuh-new ewn shan-bruh)
I need a room for one night.	Je voudrais une chambre pour une nuit. (zhuh voo-dreh zewn shan-bruh poor ewn nwee)
I want a double room with a bath.	Je voudrais une chambre à deux lits avec salle de bains. (zhuh voo-dreh zewn shan-bruh ah duh lee ah-vehk sahl duh ban)
What is the rate for the room without meals?	Quel est le tarif pour la chambre sans repas? (kehl eh luh tah-reef poor lah shan-bruh sahn ruh-pah)
What is the rate with breakfast?	Quel est le tarif petit déjeuner compris? (kehl eh luh tah-reef puh-tee day-zhuh-nay kohn-pree)
Where is the elevator?	Où est l'ascenseur? (oo eh lah-sahn-suhr)
Please send up some mineral water.	Veuillez m'apporter de l'eau minérale. (vuh-yay mah-pohr-tay duh loh mee-nay-rahl)
Please wake me tomorrow at ___.	Réveillez-moi demain matin à ___, s'il vous plaît. (ray-veh-yay mwah duh-man mah-tan ah seel voo pleh)
Did anyone call for me?	Est-ce que quelqu'un m'a téléphoné? (ehss-kuh kehl-kuhn mah tay-lay-foh-nay)
I'd like to put this in the hotel safe.	Je voudrais mettre ceci dans le coffre-fort de l'hôtel. (zhuh voo-dreh meh-truh ssuh-ssee dahn luh koh-fruh fohr duh loh-tehl)
Can you please make this call for me?	Pouvez-vous faire un appel téléphonique pour moi, s'il vous plaît? (poo-vay voo fehr uhn-nah-pehl tay-lay-foh-neek poor mwah seel vous pleh)

Please send someone up for the bags.	Faites monter quelqu'un pour mes valises, s'il vous plaît. (feht mohn-tay kehl-kuhn poor may vah-leez seel vous pleh)
I'd like the bill, please.	Je voudrais l'addition, s'il vous plaît. (zhuh voo-dreh lah-dee-ssyohn seel voo pleh)

Transportation

bus	l'autobus *or* le bus (loh-toh-bewss) (luh bewss)
train	le train *or* le chemin de fer (luh tran) (luh shuh-man duh fehr)
subway	le métro (luh may-troh)
ticket	le billet (luh bee-yeh)
I would like to rent a small car.	Je voudrais louer une petite voiture. (zhuh voo-dreh loo-ay ewn puh-teet vwah-tewr)
. . . with automatic transmission	. . . avec transmission automatique (ah-vehk trahnz-mee-ssyohn oh-toh-mah-teek)
How much does it cost per day?	Quel est le tarif par jour? (kehl eh luh tah-reef pahr zhoor)
• per week?	• par semaine? (pahr suh-mehn)
• per kilometer?	• par kilomètre? (pahr kee-loh-meh-truh)
How much is the insurance?	Combien pour l'assurance? (kohn-byan poor lah-ssew-rahnss)
Do you accept credit cards?	Acceptez-vous les cartes de crédit? (ahk-ssehp-tay voo lay kahrt duh kray-dee)
Do I have to leave a deposit?	Dois-je verser des arrhes? (dwahzh vehr-ssay day zahr)
I want to rent the car here and leave it some place else.	Je voudrais louer la voiture ici et la laisser ailleurs. (zhuh voo-dreh loo-ay lah vwah-tewr ee-ssee ay lah leh-ssay ah-yuhr)
Where is the gas station?	Où y-a-t-il une station-service? (oo ee ah-teel ewn stah-ssyohn sehr-veess)
Fill'er up with premium.	Faites-le plein s'il vous plaît, avec du super. (feht-luh plan seel voo-pleh ah-vehk dew sew-pehr)

Please check the battery.	Veuillez vérifier la batterie. (vuh-yay vay-ree-fyay lah bah-tree)
• the brakes.	• les freins. (lay fran)
• the carburetor.	• le carburateur. (luh kahr-bew-rah-tuhr)
• the hood.	• le capot. (luh kah-poh)
• the oil.	• le niveau d'huile. (luh nee-voh dweel)
• the spark plugs.	• les bougies. (lay boo-zhee)
• the tires.	• les pneus. (lay pnuh)
• the water.	• le niveau d'eau. (luh nee-voh doh)
Could you show me the way on this road map?'	Pouvez-vous me montrer le chemin sur cette carte routière? (poo-vay voo muh mohn-tray luh chuh-man sewr seht kahrt roo-tyehr)
Where is my hotel on this map?	Où se trouve mon hôtel sur cette carte? (oo suh troov mohn oh-tehl sewr sseht kahrt)

Familiarize yourself with these traffic signs:

No U-turn

No passing

Border crossing

Traffic signal ahead

Speed limit

Traffic circle (roundabout) ahead

Minimum speed limit

All traffic turns left

End of no passing zone

One-way street

Detour

Danger ahead

Entrance to expressway

Expressway ends

Gasoline (petrol) ahead

Right of way

Dangerous intersection ahead

Parking

No vehicles allowed

Dangerous curve

Pedestrian crossing

Oncoming traffic has right of way

No bicycles allowed

No parking allowed

No entry

No left turn

Guarded railroad crossing

Yield

Stop

Where is the subway station?	Où se trouve la station de métro? (oo suh troov lah stah-ssyohn duh may-troh)
How much is the fare?	Quel est le prix du trajet? (kehl eh luh pree dew trah-zheh)
Where can I buy a ticket?	Où puis-je acheter un billet? (oo pweezh ahsh-tay uhn bee-yeh)
Does this train go to ____?	Est-ce que ce train va à ____? (ehss kuh suh tran vah ah)
Please tell me when we get there.	S'il vous plaît, dites-moi quand nous y arriverons. (seel voo pleh, deet mwah kahn noo zee ah-ree-vrohn)
Do I have to change trains?	Dois-je changer de train? (dwahzh shahn-zhay duh tran)
Is this seat taken?	Est-ce que cette place est occupée? (ehss kuh seht plahss eh toh-kew-pay)
Taxi! Are you available?	Taxi! Etes-vous libre? (tahk-ssee eht voo lee-bruh)
Take me to this address.	Conduisez-moi à cette adresse. (kohn-dwee-zay mwah ah seht-ah-drehss)
How much is it?	C'est combien? (seh kohn-byan)
Wait for me. I'll be right back.	Attendez-moi s'il vous plaît. Je reviens tout de suite. (ah-tahn-day mwah seel voo pleh zhuh ruh-vyan toot sweet)
When is there a flight to ____?	Quand y-a-t-il un vol pour ____? (kahn tee ah-teel uhn vohl poor)
I would like a round-trip ticket in tourist.	Je voudrais un aller et retour en seconde classe. (zhuh voo-dreh zuhn ah-lay ay ruh-toor ahn suh-gohnd klahss)
• in first class.	• en première classe. (ahn pruh-myehr klahss)
I would like a seat in the non-smoking section.	Je voudrais une place dans la section non-fumeurs. (zhuh voo-dreh zewn plahss dahn lah sehk-ssohn nohn-few-muhr)
• near the window.	• près d'une fenêtre. (pray dewn fuh-neh-truh)
• on the aisle.	• côté couloir. (koh-tay koo-lwahr)
At what time does the plane leave?	A quelle heure part l'avion? (ah kehl uhr pahr lah vyohn)

What is my flight number?	Quel est le numéro de mon vol? (kehl eh luh new-may-roh duh mohn vohl)
What gate do we leave from?	De quelle porte partons-nous? (duh kehl pohrt pahr-tohn noo)

Leisure Time

Is there a discotheque here?	Y-a-t-il une discothèque par ici? (ee ah teel ewn deess-koh-tehk pahr ee-ssee)
Is there one at the hotel?	Y-en-a-t-il une dans l'hôtel? (ee-ahn-ah teel ewn dahn loh-tehl)
I would like to reserve a table.	Je voudrais réserver une table. (zhuh voo-dreh ray-sehr-veh ewn tah-bluh)
Where is the checkroom?	Où est le vestiaire? (oo eh luh vehss-tyehr)
Where can I buy English-language news-papers?	Où puis-je me procurer des journaux en anglais? (oo pweezh muh proh-kew-ray day zhoor-noh ahn ahn-gleh)
I would like to see a soccer match.	Je voudrais voir un match de football. (zhuh voo-dreh vwahr uhn mahtch duh foot-bohl)
Where can I buy the tickets?	Où puis-je acheter des billets? (oo pwee-zhuh ahsh-tay day bee-yeh)
Where is the stadium?	Où est le stade? (oo eh luh stahd)
What teams are going to play?	Quelles équipes vont jouer? (kehl zay-keep vohn zhoo-ay)
Is there a pool near the hotel?	Y-a-t-il une piscine près de l'hôtel? (ee-ah-teel ewn pee-seen pray duh loh-tehl)
Is it far?	Est-ce que c'est loin? (ehss kuh seh lwan)

Restaurants

Breakfast	le petit déjeuner (luh puh-tee day-zhuh-nay)
Lunch	le déjeuner (luh day-zhuh-nay)
Dinner	le dîner (luh dee-nay)
Do you know a good restau-rant?	Connaissez-vous un bon restaurant? (koh-neh-ssay voo uhn bohn rehss-toh-rahn)
Is it very expen-sive?	Est-ce très cher? (ehss treh shehr)

Waiter!	Monsieur ! Garçon! (muh-ssyuh) (gahr-ssohn)
We would like to have lunch.	Nous voudrions déjeuner (noo voo-dree-yohn day-zhuh-nay)
The menu, please.	La carte (le menu) s'il vous plaît. (lah kahrt [luh muh-new] seel voo pleh)
What's today's special?	Quel est le plat du jour? (kehl eh luh plah dew zhoor)
What do you recommend?	Que me recommandez-vous? (kuh muh ruh-koh-mahn-day voo)
To begin, bring us a cocktail . . .	Pour commencer, apportez-nous un apéritif . . . (poor koh-mahn-ssay, ah-pohr-tay noo uhn nah-pay-ree-teef)
. . . and also a bottle of mineral water . . .	. . . et aussi une bouteille d'eau minérale . . . (ay oh-see ewn boo-tehy doh mee-nay-rahl)
. . . and a beer.	. . . et une bière. (ay ewn byehr)
I would like to order now.	Je voudrais commander maintenant. (zhuh voo-dreh koh-mahn-day mant-nahn)
Do you have a house wine?	Avez-vous du vin ordinaire? (ah-vay voo dew van ohr-dee-nehr)
• a knife	• un couteau (uhn-koo-toh)
• a fork	• une fourchette (ewn foor-sheht)
• a spoon	• une cuiller (ewn kwee-yehr)
• a teaspoon	• une cuiller à café (ewn kwee-yehr ah kah-fay)
• a glass	• un verre (uhn vehr)
• a cup	• une tasse (ewn tahss)
• a plate	• une assiette (ewn ah-ssyeht)
• a napkin	• une serviette (ewn sehr-vyeht)
• a tooth-pick	• un cure-dent (uhn kewr-dahn)
I would like an espresso without sugar, please.	Je voudrais un café-espress sans sucre, s'il vous plaît. (zhuh voo-dreh zuhn kah-fay ehss-prehss sahn sew-kruh seel voo pleh)
Do you mind if I smoke?	Ça vous dérange si je fume? (sah voo day-rahnzh see zhuh fewm)
Do you have American cigarettes?	Avez-vous des cigarettes américaines? (ah-vay voo day see-gah-reht ah-may-ree-kehn)
What brands?	Quelles marques? (kehl mahrk)

Please give me a pack of matches also.	Donnez-moi aussi une boîte d'allumettes, s'il vous plaît. (doh-nay mwah oh-see ewn bwaht dah-lew-meht, seel voo pleh)
The check, please.	L'addition, s'il vous plaît. (lah-dee-ssyohn seel voo pleh)
Is the service (tip) included?	Le service est-il compris? (luh sehr-veess eh teel kohn-pree)
Do you accept credit cards?	Acceptez-vous les cartes de crédit? (ahk-ssehp-tay voo lay kahrt duh kray-dee)
Which ones?	Lesquelles? (lay-kehl)
I don't think this is right.	Je crois qu'il y a une erreur. (zhuh krwah keel yah ewn ehr-ruhr)
We are in a hurry.	Nous sommes pressés. (Noo sohm preh-ssay)
Where are the restrooms?	Où sont les toilettes? (oo sohn lay twah-leht)

Shopping

How much is it?	C'est combien? (seh kohn-byan)
Where can I find ____?	Où pourrais-je trouver ____? (oo poo-rehzh troo-vay)
Can you help me?	Pouvez-vous m'aider? (poo-vay meh-day)
I need ____.	J'ai besoin de ____. (zhay buh-zwan duh)
Do you have any others?	En avez-vous d'autres? (ahn nah-vay voo doh-truh)
Can I pay with a traveler's check?	Puis-je payer avec un chèque de voyage? (pweezh peh-yay ah-vehk uhn shehk duh vwah-yahzh)
Do you have anything smaller?	Avez-vous quelque chose de plus petit? (ah-vay voo kehl kuh shohz duh plew puh-teet)
• larger	• de plus grand (duh plew grahn)

Medical Care

Where is the nearest pharmacy?	Où se trouve la pharmacie la plus proche? (oo suh troov lah fahr-mah-ssee lah plew prohsh)
I need something for a cold.	Il me faut quelque chose pour un rhume. (eel muh foh kehl-kuh shohz poor uhn rewm)

- constipation.
- la constipation. (lah koh<u>n</u>-stee-pah-ssyoh<u>n</u>)
- a cough
- la toux. (lah too)
- diarrhea.
- la diarrhée. (lah dee-ah-ray)
- a headache.
- un mal de tête. (uh<u>n</u> mahl duh teht)
- insomnia.
- l'insomnie. (la<u>n</u>-sohm-nee)
- a toothache.
- un mal de dents. (uh<u>n</u> m̲ahl duh dah<u>n</u>)
- an upset stomach.
- les indigestions. (lay-za<u>n</u>-dee-shehss-tyoh<u>n</u>)

I don't feel well. I need a doctor who speaks English.
Je ne me sens pas bien. Je voudrais voir un médecin qui parle anglais. (zhuh nuh muh sah<u>n</u> pah bya<u>n</u>. Zhuh voo-drey vwahr un<u>n</u> mayd-ssa<u>n</u> kee pahrl ah<u>n</u>-gleh)

I am dizzy.
J'ai des vertiges. (zhai day vehr-teezh)

I feel weak.
Je me sens faible. (zhuh muh sah<u>n</u> feh-bluh)

I have a pain in my chest around my heart.
J'ai une douleur à la poitrine, près du cœur. (zhai ew<u>n</u> doo-luhr ah lah pwah-treen preh dew kuhr)

I had a heart attack some years ago.
J'ai eu une crise cardiaque il y a quelques années. (zhai ew ew<u>n</u> kreez kahr-dyahk eel yah kehl kuh zah<u>n</u>-nay)

I am taking this medicine.
Je prends ce médicament. (zhuh prah<u>n</u> suh may-dee kah-mah<u>n</u>)

Do I have to go to the hospital?
Dois-je aller à l'hôpital? (dwahzh al-lay al loh-pee-tahl)

I have a tooth-ache. Could you recom-mend a dentist?
J'ai un mal de dents. Pouvez-vous me recommander un dentiste? (zhai uh<u>n</u> mahl duh dah<u>n</u> poo-vay voo muh ruh-koh-mah<u>n</u>-day uh<u>n</u> dah<u>n</u>-teesst)

I just broke my glasses. Can you repair them while I wait?
Je viens de casser mes lunettes. Pouvez-vous les réparer pendant que j'attends? (zhuh vee-ah<u>n</u> duh kah-ssay may lew-neht poo-vay voo lay ray-pah-ray pah<u>n</u>-dah<u>n</u> kuh zha-tah<u>n</u>)

Telephones

Where is the public tele-phone?
Où y-a-t-il une cabine télé-phonique? (oo ee ah-teel ew<u>n</u> kah-been tay-lay-foh-neek)

Do you have a telephone directory?	Avez-vous un annuaire téléphonique? (ah-veh voo-zuh<u>n</u> ah-new-ehr tay-lay-foh-neek)
I want to make a person-to-person call.	Je voudrais téléphoner en préavis. (zhuh voo-dreh tay-lay-foh-nay ah<u>n</u> pray-ah-vee)
Can you give me a token, please?	Pourriez-vous me donner un jeton téléphonique, s'il vous plaît? (poo-ree-yay voo muh doh-nay uh<u>n</u> zhuh-toh<u>n</u> tay-lay-foh-neek seel voo pleh)
How do you call the United States?	Que faites-vous pour téléphoner aux Etats-Unis? (kuh feht voo poor tay-lay-foh-nay oh zeh-tah zew-nee)
I would like to talk to the operator.	Je voudrais parler à l'opératrice (zhuh voo-dreh pahr-leh ah loh-peh-rah-treess)
May I speak to . . .	Pourrais-je parler à . . . (poor-rayzh pahr-lay ah)
Who is calling?	Qui est à l'appareil? (kee eh tah-lah-pah-rehy)
Speak louder.	Parlez plus fort. (pahr-lay plew fohr)
Don't hang up.	Ne quittez pas. (nuh kee-tay pah)
You gave me a wrong number.	Vous m'avez donné le mauvais numéro. (voo mah-vay doh-nay luh moh-veh new-may-roh)
I was disconnected.	J'ai été coupé. (zhai ay-tay koo-pay)
I would like to leave a message.	Je voudrais laisser un message. (zhuh voo-dreh leh-ssay uh<u>n</u> meh-ssahzh)

Postal Service

Post Office	Le bureau de poste (luh bew-roh duh pohsst)
A post card	une carte postale (u<u>n</u> kahrt pohss-tahl)
a letter	une lettre (ewn leh-truh)
a telegram	un télégramme (uh<u>n</u> tay-lay-grahm)
air-mail letter	une lettre-avion (ewn leh-truh ah-vyoh<u>n</u>)
a registered letter	une lettre recommandée (ewn leh-truh ruh-koh-mah<u>n</u>-day)
a special delivery letter	une lettre-exprès (ewn leh-truh ehkss-prehss)
a package	un colis (uh<u>n</u> koh-lee)

I would like to buy some stamps.	Je voudrais acheter des timbres. (zhuh voo-dreh zahsh-tay day tah<u>n</u>-bruh)
Which is the window?	Quel est le guichet? (kehl ey luh gee-sheh)
What is the postage to the United States?	Quel est l'affranchissement pour les Etats-Unis? (kehl ey lah-frah<u>n</u>-sheess-mah<u>n</u> poor lay zay-tah-zew-nee)
Where is the letterbox?	Où se trouve la boîte aux lettres? (oo suh troov lah bwaht oh leh-truh)
I would like to send a telex.	Je voudrais envoyer un télex. (zhuh voo-dreh zah<u>n</u>-vwah-yay uh<u>n</u> teh-lehks)
How late are you open?	Jusqu'à quelle heure êtes-vous ouvert? (zhewss-kah kehl uhr eht voo zoo-vehr)
How much is it per minute? Or per word?	Quel est le tarif par minute? Ou par mot? (kehl eh luh tah-reef pahr mee-newt oo pahr moh)

Signs

A louer (ah loo-ay)	For Rent
A vendre (ah vah<u>n</u>-druh)	For Sale
(L')Ascenseur (ah-sah<u>n</u>-ssuhr)	Elevator
Attention (ah-tah<u>n</u>-ssyoh<u>n</u>)	Careful
Dames (dahm)	Ladies
Danger (dah<u>n</u>-zhay)	Danger
Défense d'entrer (day-fah<u>n</u>ss dah<u>n</u>-tray)	Do Not Enter
Défense de fumer (day-fah<u>n</u>ss-duh few-may)	No Smoking
Défense de marcher sur l'herbe (day-fah<u>n</u>ss duh mahr-shay sewr lehrb)	Keep Off the Grass
Eau non potable (oh noh<u>n</u> poh-tah-bluh)	Don't Drink the Water
Entrée (ah<u>n</u>-tray)	Entrance
Fermé (fehr-may)	Closed

Hommes (ohm)	Men
Information (an-fohr-mah-ssyohn)	Information
Libre (lee-bruh)	Free *or* Unoccupied
Occupé (oh-kew-pay)	Occupied
Ouvert (oo-vehr)	Open
Poussez (poo-ssay)	Push
Privé (pree-vay)	Private
Salle d'attente (sahl dah-tahnt)	Waiting Room
Sortie (sohr-tee)	Exit
Stationnement interdit (stah-ssyohn-mahn an-tehr-dee)	No Parking
Tirez (tee-ray)	Pull

Numbers

Cardinal Numbers

Numerals of more than three figures have a period in French, instead of a comma. Thus, 1,000 will appear as 1.000.

0	zéro (zay-roh)
1	un (uhn)
2	deux (duh)
3	trois (trwah)
4	quatre (kah-truh)
5	cinq (sank)
6	six (seess)
7	sept (seht)
8	huit (weet)
9	neuf (nuhf)
10	dix (deess)
11	onze (ohnz
12	douze (dooz)
13	treize (trehz)
14	quatorze (kah-tohrz)
15	quinze (kanz)
16	seize (sehz)
17	dix-sept (dee-seht)
18	dix-huit (dee-zweet)
19	dix-neuf (deez-nuhf)
20	vingt (van)
21	vingt et un (van-tay-uhn)
22	vingt-deux (van-duh)
23	vingt-trois (van-trwah)
24	vingt-quatre (van-kah-truh)
25	vingt-cinq (van-sank)

26	vingt-six (va<u>n</u>-seess)
27	vingt-sept (va<u>n</u>-seht)
28	vingt-huit (va<u>n</u>-tweet)
29	vingt-neuf (va<u>n</u>-nuhf)
30	trente (trah<u>n</u>t)
31	trente et un (trah<u>n</u>-tay-uh<u>n</u>)
32	trente-deux (trah<u>n</u>-duh)
40	quarante (kah-rah<u>n</u>t)
41	quarante et un (kah-rah<u>n</u>-tay-uh<u>n</u>)
42	quarante-deux (kah-rah<u>n</u>t-duh)
50	cinquante (sa<u>n</u>-kah<u>n</u>t)
51	cinquante et un (sa<u>n</u>-kah<u>n</u>-tay- uh<u>n</u>)
52	cinquante-deux (sa<u>n</u>-kah<u>n</u>t-duh)
60	soixante (swah-ssah<u>n</u>t)
61	soixante et un (swah-ssah<u>n</u>-tay- uh<u>n</u>)
62	soixante-deux (swah-ssah<u>n</u>t- duh)
70	soixante-dix (swah-ssah<u>n</u>t-deess)
71	soixante et onze (swah-ssah<u>n</u>- tay-ohnz)
72	soixante-douze (swah-ssah<u>n</u>t- dooz)
73	soixante-treize (swah-ssah<u>n</u>t- trehz)
74	soixante-quatorze (swah-ssah<u>n</u>t- kah-tohrz)
75	soixante-quinze (swah-ssah<u>n</u>t- ka<u>n</u>z)
76	soixante-seize (swah-ssah<u>n</u>t- sehz)
77	soixante-dix-sept (swah-ssah<u>n</u>t- dee-seht)
78	soixante-dix-huit (swah-ssah<u>n</u>t- dee-zweet)
79	soixante-dix-neuf (swah-ssah<u>n</u>t- deez-nuhf)
80	quatre-vingts (kah-truh-va<u>n</u>)
81	quatre-vingt-un (kah-truh-va<u>n</u>- uh<u>n</u>)
82	quatre-vingt-deux (kah-truh- va<u>n</u>-duh)
90	quatre-vingt-dix (kah-truh-va<u>n</u>- deess)
91	quatre-vingt-onze (kah-truh- va<u>n</u>-ohnz)
92	quatre-vingt-douze (kah-truh- va<u>n</u>-dooz)
100	cent (sah<u>n</u>)
101	cent un (sah<u>n</u>t uh<u>n</u>)
102	cent deux (sah<u>n</u> duh)
110	cent dix (sah<u>n</u> deess)
120	cent vingt (sah<u>n</u>-va<u>n</u>)
200	deux cents (duh-sah<u>n</u>)
300	trois cents (trwah-sah<u>n</u>)
400	quatre cents (kah-truh-sah<u>n</u>)
500	cinq cents (sa<u>n</u>k-sah<u>n</u>)
600	six cents (see-sah<u>n</u>)
700	sept cents (seht-sah<u>n</u>)
800	huit cents (weet-sah<u>n</u>)
900	neuf cents (nuhf-sah<u>n</u>)
1,000	mille (meel)
2,000	deux mille (duh-meel)
3,000	trois mille (trwah-meel)
4,000	quatre mille (kah-truh-meel)
5,000	cinq mille (sa<u>n</u>k-meel)

6,000	six mille (sees-meel)
7,000	sept mille (seht-meel)
8,000	huit mille (wee-meel)
9,000	neuf mille (nuhf-meel)
10,000	dix mille (dee-meel)
20,000	vingt mille (va<u>n</u>-meel)
30,000	trente mille (trah<u>nt</u>-meel)
40,000	quarante mille (kah-rah<u>nt</u>-meel)
50,000	cinquante mille (sa<u>n</u>-kah<u>nt</u>-meel)
60,000	soixante mille (swah-sah<u>nt</u>-meel)
70,000	soixante dix mille (swah-sah<u>nt</u>-dee-meel)
80,000	quatre-vingt mille (kah-truh-va<u>n</u>-meel)
90,000	quatre-vingt dix mille (kah-truh-va<u>n</u>-deess-meel)
100,000	cent mille (sah<u>n</u>-meel)
200,000	deux cent mille (duh-sah<u>n</u>-meel)
300,000	trois cent mille (trwah-sah<u>n</u>-meel)
400,000	quatre cent mille (kah-truh-sah<u>n</u>-meel)
500,000	cinq cent mille (sa<u>n</u>k-sah<u>n</u>-meel)
600,000	six cent mille (see-sah<u>n</u>-meel)
700,000	sept cent mille (seht-sah<u>n</u>-meel)
800,000	huit cent mille (wee-sah<u>n</u>-meel)
900,000	neuf cent mille (nuhf-sah<u>n</u>-meel)
1,000,000	un million (uh<u>n</u>-mee-lyoh<u>n</u>)
2,000,000	deux millions (duh-mee-lyoh<u>n</u>)
10,000,000	dix millions (dee-mee-lyoh<u>n</u>)
100,000,000	cent millions (sah<u>n</u>-mee-lyoh<u>n</u>)
1,000,000,000	un milliard (uh<u>n</u> mee-lyarh)

Examples

540	cinq cent quarante (sa<u>n</u>k-sah<u>n</u>-kah-rah<u>nt</u>)
1540	mille cinq cent quarante (meel-sa<u>n</u>k-sah<u>n</u>-kah-rah<u>nt</u>)
11,540	onze mille cinq cent quarante (oh<u>n</u>z-meel-sa<u>n</u>k-sah<u>n</u>-kah-rah<u>nt</u>)
611,540	six cent onze mille cinq cent quarante (see-sah<u>n</u>-oh<u>n</u>z-meel-sa<u>n</u>k-sah<u>n</u>-kah-rah<u>nt</u>)
1,611,540	un million six cent onze mille cinq cent quarante (uh<u>n</u> meellyoh<u>n</u> see-sah<u>n</u>-oh<u>n</u>z- sa<u>n</u>k-sah<u>n</u>-kah-rah<u>nt</u>)

Years

1900	mille neuf cent (meel-nuhf-sah<u>n</u>)
1987	mille neuf cent quatre-vingt sept (meel-nuhf-sah<u>n</u>-kah-truh-va<u>n</u>-seht)
1988	mille neuf cent quatre vingt huit (meel-nuhf-sah<u>n</u>-kah-truh-va<u>n</u>-weet)

| 1989 | mille neuf cent quatre-vingt neuf (meel-nuhf-sah<u>n</u>-kah-truh-va<u>n</u>-nuhf) |
| 1990 | mille neuf cent quatre-vingt dix (meel-nuhf-sah<u>n</u>-kah-truh-va<u>n</u>-deess) |

Ordinal Numbers

first	premier/première (1er) (pruh-myay/pruh-myehr)
second	deuxième (2e) (duh-zyehm)
third	troisième (trwah-zyehm)
fourth	quatrième (kah-tree-yehm)
fifth	cinquième (sa<u>n</u>-kyehm)
sixth	sixième (see-zyehm)
seventh	septième (seh-tyehm)
eighth	huitième (wee-tyehm)
ninth	neuvième (nuh-vyehm)
tenth	dixième (dee-zyehm)

Quantities

a half	une moitié (ewn mwah-tyay)
half a	un/une demi/e (uh<u>n</u>/ewn duh-mee)
half of	la moitié de (lah mwah-tyay duh)
a quarter	un quart (uh<u>n</u> kahr)
three quarters	trois quarts (trwah kahr)
a third	un tiers (uh<u>n</u> tyehr)
two thirds	deux tiers (duh tyehr)
a cup of	une tasse de (ewn tahss duh)
a dozen of	une douzaine de (ewn doo-zehn duh)
a kilo of	un kilo de (uh<u>n</u> kee-loh duh)
a liter of	un litre de (uh<u>n</u> lee-truh duh)
a little bit of	un peu de (uh<u>n</u> puh duh)
a lot of	beaucoup de (boh-koo duh)
a pair of	une paire de (ewn pehr duh)
enough of	assez de (ah-ssay duh)
too much of	trop de (troh duh)

Useful Abbreviations

B.M.	Banque Mondiale	World Bank
c.-à-d.	c'est-à-dire	that is to say *or* i.e.
CEE	Communauté économique européenne (Marché commun)	European Economic Community (Common Market)
CGT	Compagnie générale transatlantique	French Line

Cie.	Compagnie	Company
EU	Etats-Unis	United States
F.M.I.	Fonds Monétaire International	International Monetary Fund
h.	heure(s)	hour *or* o'clock
M.	Monsieur	Mr.
Mlle	Mademoiselle	Miss
MM	Messieurs	Gentlemen
Mme	Madame	Mrs.
O.C.D.E.	Organisation de Coopération Economique	Organization for Economic Cooperation and Development
ONU	Organisation des Nations Unies	United Nations
p. ex.	par exemple	for example
P et T	Postes et Télécommunications	Post Office and Telecommunications
RATP	Régie Autonome des Transports Parisiens	Paris Transport Authority
RD	Route Départementale	local road
RN	Route Nationale	national road
SA	Société anonyme	Ltd., Inc.
SI	Syndicat d'Initiative	Tourist Information Office
SNCF	Société Nationale des Chemins de Fer Français	French National Railways
s.v.p.	s'il vous plaît	please
T.T.C.	toutes taxes comprises	taxes included

Business Schools

H.E.C.	(Ecole des) Hautes Etudes Commerciales (exchange program with N.Y.U.)
ESSEC	Ecole Supérieure de Sciences Economiques et Commerciales
SUPdeCo	Ecole Supérieure de Commerce

BUSINESS DICTIONARY

ENGLISH TO FRENCH

A

abandon (v) abandonner

abandonment l'abandon (prime, option); le délaissement (assurance maritime)

abatement l'abattement

ability-to-pay concept la capacité contributive

abovementioned susmentionné

above par au-dessus du pair

above the line au-dessus de la ligne

absentee ownership l'absentéisme du propriétaire, le propriétaire absent

absenteeism l'absentéisme

absorb (v) absorber

absorb the loss (v) apurer la perte

absorption costing le prix de revient complet

abstract of title l'extrait du titre de propriété

accelerated depreciation l'amortissement accéléré

acceleration clause la clause de remboursement anticipé

acceleration premium la prime de remboursement anticipé

accept (v) accepter

acceptable quality level le niveau de qualité acceptable

acceptance l'acceptation

acceptance agreement l'accord d'acceptation

acceptance bill la traite documents contre acceptation

acceptance credit le crédit par acceptation

acceptance house la banque d'escompte d'effets étrangers

acceptance sampling l'échantillonnage pour acceptation

acceptance test le test en vue d'acceptation

acceptor l'accepteur

accession rate   le taux d'accession

accidental damage   les dommages fortuits

accommodation bill   la traite de complaisance

accommodation credit   le crédit de complaisance

accommodation endorsement   l'endossement de complaisance

accommodation paper   le billet de complaisance

accommodation parity   la parité de complaisance

accommodation platform   le programme de complaisance

accompanied goods   les marchandises accompagnées

accord and satisfaction   l'accord général

account   le compte

account for (v)   tenir compte de

account balance   le solde d'un compte

account, current   le compte courant

account day   le jour de liquidation

account executive   le gestionnaire de compte, la personne en charge de comptes déterminés (responsable du budget)

account number   le numéro de compte

accountability   la responsabilité

accountant   la, le comptable

accountant, chief   le chef comptable

accounting, cost   la comptabilité de prix de revient

accounting department   le service de comptabilité

accounting, management   la comptabilité de gestion

accounting method   la méthode comptable

accounting period   l'exercice comptable

accounting ratio   le ratio comptable

accounts, group   les comptes groupés

accounts payable   les dettes passives, les dettes à court terme

accounts receivable   les dettes actives, les valeurs réalisables à court terme

accounts, secured   les comptes garantis

accretion   l'accroissement

accrual   l'accumulation des intérêts

accrual method   la méthode du report variable

accrue (v)   courir

accrued assets   les éléments d'actif courus et non échus

accrued depreciation   l'amortissement couru

accrued expenses   les charges courues

accrued interest   les intérêts courus et non échus

accrued revenue   le revenu couru

accrued taxes   les impôts courus, la provision pour impôts

accumulated depreciation   l'amortissement accumulé

acid-test ratio   le ratio de liquidité immédiate

acknowledge (v)   reconnaître, admettre

acknowledge receipt of (v)   accuser réception de

acoustic coupler   le coupleur acoustique

acquire (v)   acquérir

acquired rights   les droits acquis

acquisition   l'acquisition

acquisition, data   l'acquisition des informations, la saisie des données

acquisition profile   le profil des acquisitions

acreage allotment   la superficie maximale de terrains dont la production donne droit à subvention

acronym   le sigle

across-the-board settlement   l'accord unanime

across-the-board tariff negotiations   les négociations tarifaires générales

act of God   le cas de force majeure

action plan   le programme d'action

action research   l'investigation

active account   le compte actif

active assets   les éléments d'actif productifs

active debt   la dette active

active trust   la fiducie active

activity chart   le graphique des activités

actual cash value   la valeur réelle au comptant

actual cost   le coût réel

actual income   le revenu réel

actual liability   la dette réelle

actual market volume   le volume réel du marché

actual total loss la perte totale réelle
actuals les chiffres réels
actuary l'actuaire
add-on sales les ventes complémentaires
addendum l'additif
additional payment le paiement supplémentaire
address commission la commission d'adresse
adjudge (v) prononcer un jugement
adjudication le jugement
adjust (v) ajuster
adjustable peg la parité fixe, mais ajustable
adjusted CIF price le prix CAF ajusté
adjusted earned income le revenu salarial ajusté
adjusted rate le taux ajusté
adjusting entry l'inscription comptable d'ajustement
adjustment process le processus d'ajustement
adjustment trigger le déclenchement d'un processus d'ajustement
administration l'administration, la gestion
administrative administratif
administrative expenses les frais d'administration
administrator l'administrateur, le gestionnaire
administratrix l'administratrice, la gestionnaire
advance (v) avancer
advance notice le préavis
advance payments les paiements anticipés
advance refunding le remboursement anticipé
advantage, competitive l'avantage concurrentiel
adverse balance la balance déficitaire
advertising la publicité, la réclame
advertising agency l'agence de publicité
advertising budget le budget de publicité
advertising campaign la campagne de publicité
advertising drive la campagne publicitaire
advertising expenses les frais de publicité
advertising manager le chef de publicité
advertising media les médias publicitaires
advertising research la recherche publicitaire

advice note   la lettre d'avis

advise (v)   informer, conseiller

advisory council   le comité consultatif

advisory funds   les fonds consultatifs

advisory service   le service de documentation

affidavit   l'affidavit, l'attestation par écrit

affiliate   l'affilié, la filiale

affirmative action   l'action positive

affreightment   l'affrètement

afloat   à flot

after-hours trading   le commerce après-bourse

after-sales service   le service après-vente

after-tax real rate of return   le taux de rentabilité net

aftersight   à . . . jours de vue

against all risks   contre tous les risques

agency   l'agence

agency fee   la commission d'agence

agenda   l'ordre du jour

agent   l'agent, le mandataire

aggregate demand   la demande globale, l'offre globale

aggregate risk   le risque consolidé

aggregate supply   la production globale, l'offre globale

agreement   l'accord

agricultural paper   le journal agricole

agriculture   l'agriculture

air express   par express aérien

air freight   le fret aérien

air shipments   le transport aérien

algorithm   l'algorithme

algorithmic language   le langage algorithmique

alien corporation   la société étrangère

all in cost   tous frais compris

all or none   tout ou rien

allocation of costs   la répartition des coûts

allocation of responsibilities   la répartition des responsabilités

allocation, resource   la répartition des ressources

allot (v)   attribuer, répartir

allotment   l'attribution, l'affectation, la répartition, la part, la position

allotment letter   l'avis d'attribution

allow (v)   permettre, allouer, accorder

allowance   l'allocation, la remise, la franchise, la tolérance

allowance, depreciation   l'indemnité de dépréciation

alongside   le long du bord

alteration   le changement, la modification

alternative order   la commande alternative

amalgamation   la fusion

amend (v)   amender, rectifier

amendment   l'amendement

amortization   l'amortissement

amount   le montant, la somme

amount due   la somme due, le montant dû

analog computer   l'ordinateur analogique

analysis   l'analyse

analysis, break-even   l'analyse du point d'équilibre, le point de sensibilité

analysis, competitor   l'analyse de la concurrence

analysis, cost   l'évaluation des coûts

analysis, cost-benefit   l'analyse coût/profit

analysis, critical path   l'analyse du chemin critique

analysis, depth   l'analyse en profondeur

analysis, financial   l'analyse financière

analysis, functional   l'analyse fonctionnelle

analysis, input-output   l'analyse des entrées et sorties

analysis, investment   l'étude de la rentabilité des investissements

analysis, job   l'analyse de l'emploi

analysis, needs   l'analyse des besoins

analysis, product   l'analyse des produits

analysis, profitability   l'étude de rentabilité

analysis, risk   l'étude du risque

analysis, sales   l'étude des ventes

analysis, systems   l'étude des méthodes

analyst   l'analyste

anchorage (dues)   les droits de mouillage
ancillary operation   l'opération annexe
angle of incidence   l'angle d'incidence
annual   annuel
annual accounts   les comptes annuels
annual audit   la vérification annuelle
annual report   le rapport annuel
annuitant   le rentier, la rentière
annuity   l'annuité, la rente à terme
anti-dumping duty   le droit antidumping
antique authenticity certificate   le certificat d'authenticité
antitrust laws   les lois anti-trust
apparel   les vêtements
application form   le bulletin de souscription, le formulaire
applied proceeds swap   le solde d'application d'une opération d'échange
appointment   la nomination, le rendez-vous
appraisal   l'évaluation, l'estimation
appraisal, capital expenditure   l'estimation des immobilisations
appraisal, financial   l'évaluation financière
appraisal, investment   l'évaluation des investissements
appraisal, market   l'évaluation du marché
appraisal, self-   l'auto-appréciation
appreciation   la plus-value, l'évaluation
apprentice   l'apprenti
appropriation   le prélèvement, l'affectation
approval   l'approbation, l'agrément
approve (v)   approuver, agréer
approved delivery facility   le service de livraison approuvé
approved securities   les garanties approuvées
arbitrage   l'arbitrage
arbitration   l'arbitrage de litiges
arbitration agreement   l'accord d'arbitrage
arbitrator   l'arbitre
area manager   le chef de secteur

arithmetic mean   la moyenne arithmétique
armaments   les armements
arms length   à des conditions normales
around (exchange term)   environ
arrears   l'arriéré, l'arrérage
as, if and when   sous les réserves d'usage
as-is goods   les marchandises telles quelles
as soon as possible   aussitôt que possible
asking price   le prix demandé
assay   l'essai
assemble (v)   assembler
assembly   l'assemblée, l'assemblage
assembly line   la chaîne de montage
assess (v)   estimer
assessed valuation   la valeur estimée
assessment   l'évaluation, l'imposition d'office
asset   l'actif, la valeur, le capital
asset turnover   la rotation des capitaux
asset value   la valeur en capital
assets, accrued   les éléments d'actif courus
assets, current   l'actif disponible
assets, deferred   les capitaux différés
assets, fixed   les immobilisations
assets, intangible   les valeurs intangibles
assets, liquid   les disponibilités
assets, net   l'actif net
assets, tangible   les valeurs materielles, tangibles
assign (v)   céder, transmettre, assigner
assignee   la, le cessionnaire
assignment   l'affectation
assignment (personnel)   l'affectation à un poste
assignor   le cédant
assistant   l'adjoint
assistant general manager   l'adjoint au directeur général
assistant manager   le sous-directeur
associate company   la société affiliée
assumed liability   le passif pris en charge
at and from   à et de

at best au mieux
at call sur demande, à vue
at or better au moins
at par au pair
at sight à vue
at the close à la fermeture
at the market au cours du marché
at the opening à l'ouverture
attach (v) annexer, joindre
attaché case le porte-documents
attended time le temps de présence
attestation l'attestation; la légalisation (signature)
attorney l'avocat
attorney in fact le fondé de pouvoir
attorney, power of la procuration
attrition l'usure, l'érosion
audit (v) vérifier
audit, internal le contrôle interne
audit trail la direction d'investigation
auditing balance sheet le bilan de contrôle
auditor le commissaire aux comptes
authenticity (gold) l'authentification
authority, to have (v) avoir qualité de
authorize (v) autoriser
authorized dealer le concessionnaire agréé
authorized shares les parts nominales
authorized signature la signature autorisée
automatic automatique
automation l'automatisation
autonomous autonome
availability, subject to sous réserve de disponibilité
average la moyenne; l'avarie (transport maritime)
average cost le coût moyen
average life la durée de vie moyenne
average price les cours moyens
average unit cost le prix unitaire moyen
averaging l'établissement d'une moyenne
avoidable costs les frais évitables

B

back date (n)   la date antérieure
back date (v)   antidater
back haul   le fret de retour
back order   la commande en souffrance
back selling   la revente
back taxes   le rappel d'impôts
backed note   l'effet avalisé
backing and filling   l'aval et l'enregistrement
backing support   le soutien
backlog   les commandes en carnet
backup bonds   les cautions de soutien
backwardation   le déport
backwash effect   le contrecoup
bad debt   la mauvaise créance
balance   le reliquat
balance, bank   le solde en banque
balance, credit   le solde créditeur
balance of payments   la balance des paiements
balance of trade   la balance commerciale
balance ratios   le ratio de bilan
balance sheet   le bilan
bale capacity   la capacité balles
bale cargo   le chargement en balles
ballast bonus   l'indemnité de lest
balloon (payment)   le prêt à échéance de remboursement différée
balloon note   le paiement en bloc
bank   la banque
bank acceptance   l'acceptation bancaire
bank account   le compte en banque
bank balance   le solde en banque
bank charges   les frais de banque
bank check   le chèque bancaire
bank deposit   le dépôt bancaire
bank draft   la traite bancaire
bank examiner   l'inspecteur de banque
bank exchange   l'échange bancaire

bank holiday   le jour férié
bank letter of credit   la lettre de crédit bancaire
bank loan   le prêt bancaire
bank money order   le mandat bancaire
bank note   le billet de banque
bank rate   le taux de base bancaire
bank release   l'acquittement bancaire
bank statement   le relevé bancaire
bankruptcy   la faillite, la banqueroute
bar chart   le graphique en tuyaux d'orgue
bareboat charter   l'affrètement coque nue
bargain   la bonne affaire; le marché (bourse)
bargaining, collective   la convention collective
bargaining power   le pouvoir de négociation
barge transportation   le chalandage
barratry   la baraterie
barter (n)   le troc
barter (v)   troquer
base currency   la devise de référence
base price   le prix de base
base rate   le taux de base
base year   l'année de référence
basis point (1/100%)   le point de référence
batch processing   le traitement par lots
batch production   la production en lot
batten fitted   fixé avec des lattes
bear   le baissier
bear market   le marché à la baisse
bearer   le porteur
bearer bond   le bon au porteur
bearer security   l'action au porteur
bell-shaped curve   la courbe en forme de cloche
below par   au-dessous du pair
below the line   au-dessous de la ligne
bends   les courbes, la maladie des caissons
beneficiary   la, le bénéficiaire
bequest   le legs
berth terms   le fret à la cueillette

bid (takeover) l'offre publique d'achat
bid and asked à l'achat et à la vente
bill l'effet, la facture, la note
bill broker le courtier d'escompte
bill of exchange la lettre de change, la traite
bill of lading le connaissement
bill of sale l'acte de vente
bill of sight la déclaration provisoire
billboard le panneau d'affichage
binary notation la notation binaire
binder la lettre de couverture
bit le bit
black market le marché noir
blanket bond le cautionnement global
blanket order la déclaration, d'intention d'achat
blockage of funds le blocage de fonds
blocked currency la devise bloquée
blue chip stock les valeurs de premier ordre
blue collar worker le travailleur manuel
blueprint le projet
board, executive le conseil de direction
board meeting la réunion du conseil
board of directors le conseil d'administration
board of supervisors le conseil de surveillance
boardroom la salle du conseil
boilerplate la tôle à chaudière
bond l'obligation, la caution
bond areas les zones d'entrepôt
bond issue l'émission d'obligations
bond power le pouvoir d'émettre des obligations
bond rating le classement des obligations
bonded carrier le transporteur couvert par une caution
bonded goods les marchandises sous douane
bonded warehouse l'entrepôt sous contrôle douanier
bonds (and stocks) les valeurs mobilières
bonus (premium) la prime
book inventory l'inventaire comptable

book value   la valeur comptable

book value per share   la valeur comptable par action

bookkeeping   la comptabilité

boom   la reprise, l'essor économique

border   la limite, la frontière

border tax adjustment   l'ajustement fiscal aux frontières

borrow (v)   emprunter

boycott   le boycottage

brainstorming   le brainstorming

branch office   la succursale

brand   la marque

brand acceptance   l'acceptation de la marque

brand image   l'image de marque

brand loyalty   la fidélité à la marque

brand manager   le chef de produit

brand recognition   l'identification de la marque

break-even (v)   atteindre le seuil de rentabilité

break-even analysis   l'analyse du point d'équilibre

break-even point   le point d'équilibre, le seuil de rentabilité

briefcase   la serviette

broken lot   la fin de série

broken stowage   le désarrimage

broker   le courtier, le cambiste

broker, software   le revendeur de logiciel

budget   le budget

budget, advertising   le budget de publicité

budget appropriation   l'affectation au budget

budget, capital   le budget d'investissement

budget, cash   le budget de trésorerie

budget forecast   la prévision budgétaire

budget investment   l'investissement budgétaire

budget, marketing   le budget de marketing

budget, sales   le budget commercial

bull   le haussier

bull market   le marché haussier

burden rate   le coefficient d'imputation des frais généraux

bureaucrat le bureaucrate
business activity l'activité commerciale
business card la carte de visite
business cycle le cycle économique
business management la gestion d'entreprise
business plan le projet commercial
business policy la politique de l'entreprise
business strategy la stratégie de l'entreprise
buy at best (v) acheter au meilleur prix
buy back (v) racheter
buy on close (v) acheter en clôture
buy on opening (v) acheter en ouverture
buyer l'acheteur
buyer, chief l'acheteur principal
buyer, credit l'acheteur de créance
buyer, potential l'acheteur potentiel
buyer's market le marché acheteur
buyer's option l'option d'achat
buyer's premium la prime pour l'acheteur
buyer's responsibility la responsabilité de l'acheteur
buyout le désintéressement
by-laws les statuts (d'une société)
by-product le sous-produit
byte le multiplet, le mot

C

cable le câble
cable transfer le virement par câble, le transfert télégraphique
calculator la calculatrice
call (v) convoquer
call feature la clause de remboursement anticipé
call loan le prêt remboursable sur demande
call money l'argent au jour le jour
call option la prime à la hausse
call price le prix de rachat
call protection la protection contre le risque de remboursement anticipé

call rate   le taux de l'argent au jour le jour
call rule   la règle du remboursement
callback   le rappel
campaign, advertising   la campagne publicitaire
campaign, productivity   la campagne de productivité
cancel (v)   annuler
cancelled check   le chèque annulé
capacity   la capacité, le pouvoir
capacity, manufacturing   la capacité de fabrication
capacity, plant   la capacité de production
capacity, utilization   la capacité d'exploitation
capital   le capital
capital account   le compte de capital
capital allowance   l'allocation en capital
capital asset   le capital fixe
capital budget   le budget d'investissement
capital expenditure   les immobilisations
capital expenditure appraisal   l'estimation des immobilisations
capital exports   les exportations de capitaux
capital gain (loss)   la plus-value (la moins-value)
capital goods   les biens de production, les biens
   d'équipement
capital increase   l'augmentation de capital
capital-intensive   à capitaux élevés
capital market   le marché des capitaux
capital-output ratio   le taux de rendement du capital
capital, raising   la mobilisation de capitaux
capital, return on   le rendement du capital
capital, risk   le capital à risque
capital, spending   le capital d'achat
capital stock   le capital actions
capital structure   la structure du capital
capital surplus   le surplus en capital
capital, working   le capital de roulement
capitalism   le capitalisme
capitalization   la capitalisation
cargo   la cargaison

carload le chargement

carrier le transporteur

carrier's risk le risque du transporteur

carryback le report sur exercice précédent

carryforward le report à nouveau

carrying charge la charge

carrying value la valeur du chargement

carryover le report

cartel le cartel

cash les espèces, la caisse

cash and carry le paiement comptant des marchandises emportées

cash balance le solde de caisse

cash basis la position de caisse

cash before delivery le paiement avant livraison

cash budget le budget de trésorerie

cash on delivery (C.O.D.) le paiement à la livraison, le contre-remboursement

cash discount l'escompte au comptant

cash dividend le dividende en espèces

cash entry l'encaissement

cash flow la marge brute d'autofinancement (M.B.A.)

cash flow statement le relevé de la marge brute

cash in advance le paiement d'avance

cash management la gestion de trésorerie

cash on delivery le paiement à la livraison ou contre-remboursement

cash payment le paiement en espèces

cash surrender value la valeur de rachat

cashbook le livre de caisse

cashier's check le chèque de caisse

cassette la cassette

casualty insurance l'assurance contre les accidents corporels

catalog la catalogue

ceiling le plafond

central bank la banque d'émission

central processing unit l'unité de traitement centrale

central rate le taux central

centralization   la centralisation

certificate   le certificat

certificate of deposit   le certificat de dépôt

certificate of incorporation   le certificat d'incorporation

certificate of origin   le certificat d'origine

certified check   le chèque visé

certified public accountant   l'expert-comptable

chain of command   la voie hiérarchique

chain store   le magasin à succursales multiples

chain store group   le groupe de magasins à succursales multiples

Chairman of the Board   le Président du conseil d'administration, P.G.D. (Président-directeur général)

chamber of commerce   la chambre de commerce

channel of distribution   le réseau de distribution

charge account (in a store)   le compte d'un client

charge-off   les charges exclues

charges   les frais

chart, activity   le graphique d'activité

chart, bar   le graphique en tuyaux d'orgue

chart, flow   le graphique de flux

chart, management   le tableau de gestion

charter   la charte, l'affrètement

chartered accountant (Brit.)   l'expert-comptable

charter party agent   l'agent de charte-partie

chattel   les biens mobiliers

chattel mortgage   l'hypothèque sur des biens mobiliers

cheap   bon marché

check   le chèque, la vérification

checking account   le compte courant

checklist   la liste de contrôle

chemical   le produit chimique

chief accountant   le chef comptable

chief buyer   l'acheteur principal

chief executive   le directeur général

chief executive officer (C.E.O.)   le directeur exécutif

chief financial officer (C.F.O.)   le directeur financier

chief operating officer (C.O.O.) le directeur opérationnel

chip la plaquette la puce (informatique)

civil action l'action civile

civil engineering le génie civil

claim la réclamation

classified ad la petite annonce

clean document le document net, le document sans réserve

clearinghouse la chambre de compensation

closed account le compte inactif, le compte clos

closely held corporation la société contrôlée par un petit nombre d'actionnaires

closing entry l'écriture de clôture

closing price le cours de clôture

codicil le codicille

coffee break la pause-café

coinsurance la coassurance

cold call la visite impromptue d'un vendeur

collateral le nantissement, le gage

colleague la, le collègue

collect on delivery payable à la livraison, contre remboursement

collection agent l'agent de recouvrement

collection period le délai d'encaissement

collective agreement la convention collective

collective bargaining la négociation paritaire de convention collective

collector of customs le receveur des douanes

colloquium le colloque

combination la combinaison, l'association

combination duty les droits combinés

commerce le commerce

commercial ad le spot publicitaire

commercial bank la banque commerciale

commercial grade la qualité commerciale

commercial invoice la facture commerciale

commission (agency) la commission

commission (fee) la commission, la guelte

commitment   l'engagement
commodity   le produit de base, la denrée
commodity exchange   la bourse des denrées
common carrier   le transporteur public
common market   le marché commun
common stock   l'action ordinaire
company   la société
company goal   le but
company, holding   la société de portefeuille
company, parent   la maison mère
company policy   la politique de la société
compensating balance   la balance compensatoire
compensation   la compensation, la rémunération, l'indemnité
compensation trade   le commerce de compensation
competition   la concurrence
competitive advantage   l'avantage concurrentiel
competitive edge   léger avantage concurrentiel
competitive price   le prix compétitif, le prix concurrentiel
competitive strategy   la stratégie concurrentielle
competitor   le concurrent
competitor analysis   l'analyse des concurrents
complimentary copy   le spécimen
component   le composant
composite index   l'indice composite
compound interest   l'intérêt composé
comptroller   le commissaire aux comptes
computer   l'ordinateur
computer, analog   l'ordinateur analogique
computer bank   la banque informatique
computer center   le centre informatique
computer, digital   l'ordinateur numérique
computer input   l'entrée (d'ordinateur)
computer language   le langage informatique
computer memory   la mémoire
computer output   la sortie
computer program   le programme

computer storage la mémoire

computer terminal le terminal d'ordinateur

conditional acceptance l'acceptation conditionnelle

conditional sales contract le contrat de vente sous conditions

conference room la salle de conférence

confidential confidentiel

confirmation of order la confirmation de commande

conflict of interest le conflit d'intérêts

conglomerate le conglomérat

consideration (business law) la contrepartie

consignee la, le destinataire

consignment l'expédition

consolidated financial statement le bilan consolidé

consolidation la consolidation

consortium le consortium

consultant le consultant

consultant, management l'organisateur conseil, le conseiller en gestion

consumer le consommateur

consumer acceptance la faveur du public

consumer credit le crédit à la consommation

consumer goods les biens de consommation

consumer price index l'indice des prix à la consommation

consumer research l'étude des besoins des consommateurs

consumer satisfaction la satisfaction des consommateurs

container le conteneur

contingencies les faux frais divers

contingent fund le fonds de prévoyance

contingent liability le passif éventuel

contract le contrat

contract carrier le transporteur sous contrat

contract month le mois de contrat

control, cost le contrôle des prix de revient

control, financial le contrôle financier

control, inventory le contrôle des stocks

control lever   le levier de commande

control, manufacturing   le contrôle de fabrication

control, production   la planification de la production

control, quality   le contrôle de qualité

control, stock   la gestion des stocks, la vérification des stocks

controllable costs   les dépenses contrôlables

controller   le directeur des services comptables

controlling interest   la participation majoritaire

convertible debentures   les obligations convertibles

convertible preferred stock   les actions privilégiées convertibles

cooperation agreement   l'accord de coopération

cooperative   la coopérative

cooperative advertising   la publicité conjointe

co-ownership   la co-propriété

copy (text)   l'exemplaire

copy testing   l'évaluation de l'impact d'une publicité

copyright   les droits d'auteur

corporate growth   la croissance d'une entreprise

corporate image   l'image de marque d'une société

corporate planning   la planification d'entreprise

corporate structure   la structure de l'entreprise

corporation   la société anonyme

corporation tax   l'impôt sur les entreprises

corpus   le corpus

correspondence   la correspondance

correspondent bank   la banque correspondante à l'étranger

cost (n)   le coût, les frais, la dépense

cost (v)   coûter

cost accounting   la comptabilité prix de revient

cost analysis   la comptabilité analytique

cost, average   le coût moyen

cost and freight   le coût et le fret

cost control   le contrôle des prix de revient

cost, direct   les frais directs

cost effective   rentable

cost factor   le facteur coût

cost, indirect les frais indirects
cost of capital le coût du capital
cost of goods sold le coût des marchandises vendues
cost of living le coût de la vie
cost reduction la compression des coûts
cost, replacement les frais de remplacement, la valeur à neuf
cost-benefit analysis l'étude du rapport coûts/profits
cost-plus contract le contrat à prix coûtant majoré
cost-price squeeze la compression des prix de revient
costs, allocation of la répartition des coûts
costs, fixed les coûts fixes
costs, managed les frais contrôlés
costs, production le coût de production
costs, set-up les frais d'installation
costs, standard les frais normaux
cost, variable les frais variables
cotton le coton
counter check le chèque omnibus
counterfeit la contrefaçon
countervailing duty le droit compensateur
country of origin le pays d'origine
country of risk le pays de risque
coupon (bond interest) le coupon
courier service le service du courrier
covenant (promises) la convention
cover charge les frais de couverture
cover letter la lettre de couverture
cover ratio le coefficient de couverture
coverage (insurance) la couverture
crawling peg la parité à crémaillère
credit (n) le crédit, l'avoir
credit (v) créditer
credit balance le solde créditeur
credit bank la banque de crédit
credit bureau l'institution de crédit
credit card la carte de crédit
credit control le contrôle des crédits

credit insurance l'assurance de crédit, l'assurance contre les mauvaises créances

credit line la ligne de crédit

credit management la gestion des crédits

credit note la note de crédit

credit rating l'évaluation de la solvabilité

credit reference la référence de crédit

credit terms les conditions de crédit

credit union le syndicat de crédit

creditor le créancier

critical path analysis l'analyse de la trajectoire

cross-licensing l'échange de brevets

cultural export permit l'autorisation d'exportation d'œuvres d'art

cultural property la propriété culturelle

cum dividend le dividende attaché

cumulative cumulatif

cumulative preferred stock les valeurs de priorité cumulatives

currency le cours, la devise

currency band la marge de fluctuation entre monnaies

currency clause la clause de change

currency conversion la conversion de devises

currency exchange le cours des devises

current assets l'actif réalisable

current liabilities la dette à court terme

current ratio le taux du jour

current yield le rendement courant

customer le client

customer service le service clients

customs la douane

customs broker le courtier en douane

customs duty les droits de douane

customs entry la déclaration en douane

customs union l'union douanière

cutback la restriction

cycle billing la facturation périodique

cycle, business le cycle économique

cycle, life (of a product) le cycle de vie
cycle, work le cycle de production

D

daily quotidien, au jour le jour
dairy products les produits laitiers
damage les dommages
data les données
data acquisition la saisie des données
data bank la banque de données
data base la base de données
data processing le traitement des données
date of delivery la date de livraison
day loan le prêt au jour le jour
day order l'ordre journalier
dead freight le faux fret
dead rent la créance irrécouvrable
deadline la date limite
deadlock l'impasse
deal la transaction
deal, package le contrat global, le forfait
dealer le courtier de change, le marchand
dealership l'exclusivité des opérations de change, l'agence, la concession
debentures les obligations non garanties
debit le débit
debit entry l'entrée passive
debit note la note de débit
debt la dette
debtlessness la situation de non-endettement
debug (v) mettre au point, dépanner
deductible déductible
deduction la déduction, la réduction
deed l'acte, le contrat
deed of sale l'acte de vente
deed of transfer l'acte de cession
deed of trust l'acte de confiance, le contrat fiduciaire
default (n) le défaut

default (v)   manquer à ses engagements
defective   défectueux
deferred annuities   les annuités différées
deferred assets   les capitaux différés
deferred charges   les dépenses différées
deferred deliveries   les livraisons différées
deferred income   le revenu différé
deferred liabilities   les dettes différées
deferred tax   l'impôt différé
deficit   le déficit
deficit financing   le financement par le déficit
deficit spending   les dépenses supérieures aux recettes
deflation   la déflation
delay   le retard, le délai
delinquent account   le compte douteux
delivered price   le prix rendu
delivery   la livraison
delivery date   la date de livraison
delivery notice   l'avis de livraison
delivery points   les points de livraison
delivery price   le prix à la livraison
demand   la demande
demand (v)   exiger
demand deposit   le dépôt à vue
demand line of credit   la ligne de crédit à vue
demographic   démographique
demotion   la rétrogradation
demurrage   la surestarie
department   le service
department store   le grand magasin
depletion accounting   la comptabilité d'épuisement
depletion control   le contrôle d'épuisement
deposit   le depôt de garantie, les arrhes
deposit account   le compte de dépôt à vue
deposit, bank   le dépôt bancaire
depository   le dépôt, l'entrepôt
depreciation   la dépréciation, l'amortissement
depreciation, accelerated   l'amortissement accéléré

depreciation allowance   l'indemnité de dépréciation
depreciation, accrued   l'amortissement couru
depreciation of currency   la dépréciation de la monnaie
depression   la crise
depth analysis   l'analyse en profondeur
deputy chairman   le vice-président
deputy manager   le directeur adjoint
deregulated   suspendu (le règlement, la règlementation)
design engineering   l'étude de conception
devaluation   la dévaluation
differential, price   l'écart de prix
differential, tariff   l'écart de tarif
differential, wage   la grille des salaires
digital   numérique
digital computer   l'ordinateur numérique
dilution of equity   la dilution du capital
dilution of labor   la dévalorisation du travail
direct access storage   la mémoire à accès direct
direct cost   le coût direct
direct expenses   les frais proportionnels
direct investment   l'investissement direct
direct labor (accounting)   le coût du travail
direct mail   le courrier direct, la vente par correspondance
direct paper   le papier direct
direct quotation   la cotation directe
direct selling   la vente directe
director   l'administrateur
disbursement   le débours
discharge (v)   décharger
discount (n)   l'escompte
discount cash flow   la marge brute actualisée
discount rate   le taux d'escompte
discount securities   l'action au-dessous du pair
discounting   la pratique de l'escompte
discretionary account   le compte géré en vertu d'un contrat de gestion

discretionary order   l'ordre à appréciation
dishonor (as a check)   le refus d'acceptation
disk   le disque
disk drive   la commande de disque
dispatch   l'expédition
disposable income   le revenu disponible
dispute (n)   la contestation
dispute (v)   débattre
dispute, labor   le conflit du travail
distribution, channels of   les canaux de distribution
distribution costs   les frais de distribution
distribution network   le réseau de distribution
distribution policy   la politique de distribution
distributor   le distributeur
diversification   la diversification
divestment   la dépossession
dividend   le dividende
dividend yield   le rendement d'un dividende
division of labor   la division du travail
dock handling charges   les droits de dock
dock (ship's receipt)   le dock
document   le document, l'acte
dollar cost averaging   le calcul du prix moyen en dollars
domestic bill   la traite intérieure
domestic corporation   la société nationale
door-to-door (sales)   le porte-à-porte
double dealing   le double jeu
double-entry bookkeeping   la comptabilité en partie double
double pricing   le double étiquetage
double taxation   la double imposition
double time   la double paie
down payment   l'acompte, les arrhes
down the line   subalterne (en descendant la voie hiérarchique)
downswing   la phase descendante
downtime   le temps mort, la période de fermeture pour travaux

downturn la récession, la baisse

draft l'effet de commerce, la traite

drawback le remboursement lors de l'exportation des droits de douane payés à l'importation

drawdown la moins-value

drawdown date la date de tirage

drawee le tiré d'une traite, le tiré d'un chèque

drawer le tireur d'une traite, le tireur d'un chèque

drayage le camionnage

drop shipment l'expédition directe

dry cargo la cargaison ordinaire

dry goods les marchandises sèches (les tissus, les étoffes)

dumping (goods in foreign market) le dumping

dunnage le fardage

duopoly le duopole

durable goods les biens durables

duress la contrainte

duty la taxe, les droits

duty ad valorem le droit ad valorem

duty, anti-dumping les droits anti-dumping

duty, combination les droits combinés

duty, countervailing duty le droit compensateur

duty, export la taxe à l'exportation

duty free en franchise

duty, remission la remise de droits

duty, specific le droit spécifique

dynamics, group la dynamique de groupe

dynamics, market la dynamique du marché

dynamics, product la dynamique des produits

E

earmark (v) affecter

earnings les bénéfices, les gains

earnings on assets le rendement de fonds propres

earnings per share les bénéfices par action

earnings performance la rentabilité

earnings/price ratio le coefficient de capitalisation des résultats

earnings report   le compte-rendu des bénéfices

earnings, retained   les bénéfices non distribués

earnings yield   le rendement

econometrics   l'économétrie

economic   économique

economic indicators   les indicateurs économiques

economic life   la vie économique

economic order quantity   la quantité économique d'approvisionnement

economy   l'économie

economy of scale   l'économie d'échelle

effective yield   le rendement réel

efficiency   l'efficacité

elasticity (of supply or demand)   l'élasticité

electrical engineering   la technique électrique

electronic whiteboard   le tableau électronique

embargo   l'embargo

embezzlement   le détournement de fonds

employee   l'employé(e)

employee counseling   l'orientation professionnelle

employee relations   les relations du travail, les relations professionnelles

employment agency   le bureau de placement

encumbrance (liens, liabilities, commitments)   l'engagement

end of period   la fin de l'exercice

end product   le produit fini

end use certificate   le certificat d'utilisation finale

endorsee   l'endossataire

endorsement   l'endossement

endowment   la dotation

engineering   l'ingénierie

engineering and design department   le bureau d'études

engineering, design   l'étude de conception

engineering, industrial   l'organisation industrielle

engineering, systems   l'organisation des systèmes

engineering, value   l'étude de la valeur

enlarge (v)   agrandir

enterprise l'entreprise
entrepreneur l'entrepreneur
entry, cash l'encaissement
entry, debit l'écriture au passif
entry, ledger l'écriture au grand livre
entry permit la déclaration d'importation
equal pay for equal work l'égalité des salaires
equipment l'équipement
equipment leasing l'affermage, le crédit-bail
equity l'action à revenu variable
equity, dilution of la dilution du capital
equity investments les investissements en capital
equity, return on le rendement du capital
equity, share l'action en capital
ergonomics l'ergonomie
error l'erreur
escalator clause la clause d'échelle mobile, la clause d'escalation
escheat la déshérence
escrow le gage de garantie confié à un tiers
escrow account le compte de garantie (confié à un tiers), le compte bloqué
estate la propriété foncière, le bien immobilier
estate agent l'agent immobilier
estate tax les droits de succession
estimate (n) l'estimation, le devis
estimate (v) estimer
estimate, sales la prévision de vente
estimated price l'estimation de prix
estimated time of arrival l'heure prévue d'arrivée
estimated time of departure l'heure prévue de départ
Eurobond l'Euro-obligation
Eurocurrency les Eurodevises
Eurodollar l'Eurodollar
evaluation l'évaluation
evaluation, job l'évaluation de poste
ex dividend ex-dividende
ex dock la marchandise rendue au port d'importation

ex factory départ usine
ex mill départ fabrique
ex mine départ mine
ex rights ex-droits
ex warehouse départ entrepôt
ex works départ usine
exchange (n) **(stock, commodity)** la bourse
exchange (v) échanger
exchange control le contrôle des changes
exchange discount la perte de conversion
exchange loss la perte sur le change
exchange rate le taux de change
exchange risk le risque de change
exchange value la valeur d'échange
excise duty le droit de régie
excise license le droit de l'accise
excise tax la taxe à la consommation
exclusive representative le représentant exclusif
executive le dirigeant
executive board le conseil de direction
executive, chief le directeur d'une entreprise
executive committee le comité de direction
executive compensation l'indemnité de direction
executive director l'administrateur
executive line la ligne de direction
executive search la recherche de cadres
executive secretary la, le secrétaire de direction
executor l'exécuteur testamentaire
exemption l'exemption
expectations, up to our à la hauteur de nos prévisions, conformément à notre attente
expected results les résultats attendus
expenditure la dépense
expense account l'indemnité pour frais professionnels, les frais de représentation
expenses les frais généraux
expenses, direct les dépenses directes
expenses, indirect les dépenses indirectes
expenses, running les dépenses courantes

expenses, shipping les frais d'expédition
expiry date la date d'échéance
export (v) exporter
export agent le commissionnaire-exportateur
export credit le crédit à l'exportation
export duty les droits d'exportation
export entry la déclaration d'exportation
export, for destiné à l'exportation
export house l'entreprise d'exportation
export-import bank la banque d'import-export
export manager le directeur de l'exportation
export middleman l'intermédiaire d'exportation
export permit la licence d'exportation
export quota les contingents à l'exportation
export regulations les réglementations à l'exportation
export sales contract le contrat de vente à l'exportation
export taxes les taxes à l'exportation
expropriation l'expropriation
extra dividend super-dividende

F

face value la valeur nominale
facilities l'équipement, les moyens, les locaux
fact sheet la feuille de renseignements
factor (n) le facteur, le coefficient, le mandataire, l'intermédiaire (souvent ducroire)
factor analysis l'analyse factorielle
factor, cost le facteur coût
factor, load le coefficient de remplissage
factor, profit le facteur profit
factor rating l'évaluation des facteurs
factoring l'affacturage
factory l'usine
factory overhead les frais généraux d'usine
fail (v) échouer, manquer
failure l'insuccès, le défaut
fair market value la valeur marchande moyenne

fair return   le rendement moyen

fair trade   le libre échange réciproque

farm out (v)   donner en sous-traitance

feed ratio   le taux d'approvisionnement

feedback   l'auto-contrôle, la réaction

fidelity bond   l'assurance protégeant un employeur contre un détournement de fonds commis par un employé

fiduciary   le fiduciaire

fiduciary issue   l'émission fiduciaire

fiduciary loan   le prêt fiduciaire

field warehousing   l'entreposage surveillé

file   le dossier

finance (v)   financer

finance company   la société de financement

financial analysis   l'analyse financière

financial appraisal   l'évaluation financière

financial control   le contrôle financier

financial director   le directeur financier

financial highlight   la principale donnée financière

financial incentive   le stimulant financier

financial management   la gestion financière

financial period   l'exercice financier

financial planning   la planification budgétaire

financial services   les services financiers

financial statement   l'état financier, le rapport financier

financial year   l'exercice financier

fine (penalty)   l'amende

finished goods inventory   le stock des produits finis

fire (v)   débaucher

firm   la firme

first in – first out   premier entré – premier sorti

first preferred stock   le titre privilégié de premier ordre

fiscal agent   l'agent fiscal

fiscal drag   la ponction fiscale

fiscal year   l'exercice fiscal, l'année budgétaire

fishy-back service (container)   le service mer-route

fixed assets les capitaux fixes, les immobilisations
fixed capital le capital fixe
fixed charges les charges fixes
fixed costs les frais fixes
fixed expenses les dépenses fixes
fixed income security la valeur à revenu fixe
fixed investment le placement à rendement fixe
fixed rate of exchange le taux de change fixe
fixed term le délai fixe
fixture (on balance sheet) le poste
flat bond l'obligation à rendement fixe
flat rate le taux uniforme
flat yield le rendement forfaitaire
flatcar le véhicule-plateau
fleet policy la police flotte
flexible tariff le tarif variable
float (n) **(outstanding checks, stock)** les chèques non encaissés
float (v) **(issue stock)** émettre
floater la police flottante
floating asset le capital variable
floating charge les frais variables
floating debt la dette flottante
floating exchange rate le taux de change flottant
floating rate le taux mobile
floor (of exchange) le plancher (à la Bourse)
floppy disk la disquette souple
flow chart le graphique
FOB plant le départ usine
follow up (v) relancer, poursuivre
follow-up order la commande complémentaire
foodstuffs les denrées alimentaires
footing (accounting) l'addition
for export destiné à l'exportation
forecast (n) la prévision
forecast (v) prévoir
forecast, budget la prévision budgétaire
forecast, market la prévision du marché

forecast, sales   la prévision de vente

foreign bill of exchange   la lettre de change sur l'étranger

foreign corporation   la société étrangère, la société à capitaux étrangers

foreign currency   la devise étrangère

foreign debt   la dette extérieure

foreign exchange   le change

foreign securities   les valeurs étrangères

foreign tax credit   le crédit pour impôt acquitté à l'étranger

foreign trade   le commerce extérieur

foreman   le contremaître

forgery   la contrefaçon

form letter   l'imprimé

format   le format

forward contract   le contrat à terme

forward cover   la couverture à terme

forward forward   l'opération simultanée à terme

forward margin   la marge à terme

forward market   le marché à terme

forward purchase   l'achat à terme

forward shipment   la livraison à terme

forwarding agent   le commissionnaire de transport, le groupeur, le transitaire

foul bill of lading   le connaissement avec réserves

franchise   la franchise

fraud   la fraude

free alongside ship   franco long du bord (F.L.B.), franco quai

free and clear   quitte et libre

free enterprise   la libre entreprise

free list (commodities without duty)   la liste d'exemptions

free market   le marché libre

free market industry   l'industrie à prix libres

free of particular average   franc d'avaries particulières

free on board   franco à bord

free on rail   franco wagon

free port   le port franc
free time   le temps libre
free-trade   le libre échange
free trade zone   la zone franche
freeboard   franc-bord
freelance   indépendant
freight   le fret
freight all kinds   le fret en tous genres
freight allowance   allocation pour frais de transport
  accordée au client
freight collect   port dû
freight forwarder   le transitaire
freight included   le fret inclus
freight prepaid   port payé d'avance
frequency curve   la courbe de la cloche
fringe benefits   les avantages hors salaire
fringe market   le débouché marginal
front-end fee   la commission de montage
front-end financing   le financement de départ
front-end loading   le prélèvement des frais d'achat sur
  les premiers versements
frozen assets   les fonds bloqués
full settlement   pour solde de tout compte
functional analysis   l'analyse fonctionnelle
fund   le fonds
fund, contingent   le fonds de prévoyance
fund, sinking   la caisse d'amortissement
fund, trust   le fonds mutuel
funded debt   la dette consolidée
funds, public   les fonds publics
funds, working   les fonds de roulement
fungible goods   les marchandises fongibles
futures   les marchandises vendues à terme
futures option   l'option à terme

G

garnishment   la saisie-arrêt
gearing   le levier
general acceptance   l'acceptation sans réserves

general average loss la perte d'avarie commune

general manager le directeur général

general meeting l'assemblée générale

general partnership la société commerciale en nom collectif

general strike la grève générale

gentleman's agreement l'accord à l'amiable

gilt (Brit. govt. security) la valeur de premier ordre

glut la pléthore

G.N.P. (Gross National Product) P.N.B. (Produit National Brut)

go around (v) faire appel à des capitaux flottants

go-down l'effondrement

go-go fund les fonds hautement spéculatifs

go public (v) faire appel à des capitaux publics

going concern value la valeur saine

going rate (or price) le taux (ou prix) en vigueur

gold clause la clause or

gold price le cours de l'or

gold reserves les réserves d'or

good delivery (securities) de bonne livraison

goods les marchandises

goods, capital les biens d'équipement

goods, consumer les biens de consommation

goods, durable les marchandises durables

goods, industrial les produits industriels

goodwill la réputation, la clientèle

government le gouvernement

government agency l'agence gouvernementale

government bank la banque d'état

government bonds les obligations d'état

grace period le délai de grâce

grade, commercial la qualité commerciale

graft la corruption

grain les céréales

grant an overdraft (v) consentir un découvert

graph le graphique

gratuity la gratification

gray market le marché parallèle

grievance procedure   la procédure d'arbitrage
gross domestic product   le produit intérieur brut
gross income   le revenu brut
gross investment   l'investissement brut
gross loss   la perte brute
gross margin   la marge brute
gross national product   le produit national brut
gross price   le prix brut
gross profit   le bénéfice brut
gross sales   le chiffre d'affaires brut
gross spread   l'écart des cours brut
gross weight   le poids brut
gross yield   le rendement brut
group accounts   les comptes groupés
group dynamics   la dynamique de groupe
group insurance   l'assurance de groupe, l'assurance collective
group, product   le groupe de produits
group training   la formation de groupe
growth   la croissance
growth, corporate   l'expansion de l'entreprise
growth index   l'indice de croissance
growth industry   l'industrie de croissance
growth potential   le potentiel de croissance
growth rate   le taux de croissance
growth stock   les valeurs d'avenir
guarantee   la garantie
guaranty bond   le bon de cautionnement
guaranty company   la société de cautionnement
guesstimation   l'estimation au jugé
guidelines   les directives

H

half-life (bonds)   la demi-vie
handicap   le handicap
handler   le manutentionnaire
harbor dues   les droits portuaires
hard copy   le document en clair

hard currency   la devise forte
hard sell   la vente de choc
hardware   le matériel de traitement informatique
head office   la maison-mère, le siège social
headhunter   le chasseur de têtes
headload   la commission de courtier
headquarters   le siège social, la maison-mère
heavy industry   l'industrie lourde
heavy lift charges   le chargement lourd
hedge (v)   se couvrir
hidden assets   les actifs occultés
high technology firm   l'entreprise de pointe
highest bidder   le plus offrant
hire (v)   embaucher
hoard (v)   thésauriser
holder (negotiable instruments)   le détenteur
holder in due course   le tiers porteur
holding company   la société de portefeuille
holding period   la période de détention
home market   le marché intérieur
hot money   les capitaux fébriles
hourly earnings   le gain horaire
housing authority   le service du logement
human resources   les ressources humaines
hybrid computer   l'ordinateur hybride
hyphenate (v)   césurer
hypothecation   la prise d'hypothèque mobilière

I

idle capacity   le potentiel inutilisé
illegal   illégal
illegal shipments   les expéditions illégales
imitation   l'imitation
impact on (v)   influencer
impact, profit   l'incidence sur le profit
impending changes   les changements imminents
implication   l'implication
implied agreement   l'accord tacite

import (n) l'importation
import (v) importer
import declaration la déclaration d'importation
import deposits les dépôts à l'importation
import duty les droits d'importation, les arrhes
import entry la déclaration d'importation
import license la licence d'importation
import quota les contingents à l'importation
import regulations les réglementations à l'importation
import tariff les droits de douane à l'importation
importer of record l'importateur inscrit
impound (v) saisir, confisquer
improve upon (v) enchérir sur
improvements les améliorations
impulse buying l'achat spontané
imputed imputé
in the red dans le rouge
in transit en transit
inadequate inadéquat
incentive le stimulant
inchoate interest l'intérêt incomplet
incidental expenses les faux frais
income le revenu
income account le compte de revenu
income bonds les obligations à intérêt conditionnel
income bracket la tranche de revenus
income, gross le revenu brut
income, net le revenu net
income statement le compte d'exploitation
income tax l'impôt sur le revenu
income yield le rendement du revenu
incorporate (v) incorporer, constituer (une société)
increase (n) la majoration, la hausse
increase (v) augmenter
increased costs la hausse des prix
incremental cash flow l'autofinancement marginal
incremental cost le prix de revient marginal

indebtedness   l'endettement

indemnity   l'indemnité

indenture   le contrat d'apprentissage

index (v)   répertorier

index, growth   l'indice de croissance

index (indicator)   l'indice

index-linked guaranteed minimum wage   le S.M.I.C.

index option   l'option indice

indexing   l'indexation

indirect claim   la réclamation indirecte

indirect cost   les frais indirects

indirect expenses   les dépenses indirectes

indirect labor   le travail indirect

indirect tax   l'impôt indirect

industrial accident   l'accident du travail

industrial arbitration   l'arbitrage industriel

industrial engineering   l'ingéniérie industrielle

industrial goods   les biens manufacturés

industrial insurance   l'assurance du travail

industrial planning   la planification industrielle

industrial relations   les relations industrielles

industrial union   le syndicat industriel

industry   l'industrie

industrywide   dans l'ensemble de l'industrie

inefficient   inefficace

inelastic demand or supply   l'inélasticité de l'offre et de l'emploi

infant industry   l'industrie naissante

inflation   l'inflation

inflationary   inflationniste

infrastructure   l'infrastructure

inheritance tax   le droit de succession

injunction   l'injonction

inland bill of lading   le connaissement intérieur, la lettre de voiture

innovation   l'innovation

input   l'entrée

input-output analysis   l'analyse des entrées et sorties

insolvent insolvable
inspection l'inspection
inspector l'inspecteur
instability l'instabilité
installment la tranche
installment credit la vente à tempérament
installment plan le calendrier des échéances
institutional advertising la publicité de prestige
institutional investor l'investisseur institutionnel
instruct (v) donner des instructions
instrument l'instrument
instrumental capital le capital productif
insurance l'assurance
insurance broker le courtier d'assurance
insurance company la compagnie d'assurance
insurance fund le fonds d'assurance
insurance policy la police d'assurance
insurance premium la prime d'assurance
insurance underwriter le souscripteur (d'assurance)
insured l'assuré
intangible assets les valeurs incorporelles
integrated management system le système de direction intégré
interact (v) réagir réciproquement
interbank de banque à banque
interest l'intérêt
interest arbitrage l'arbitrage des taux d'intérêt
interest, compound l'intérêt composé
interest expenses les dépenses d'intérêt
interest income la rente
interest parity la parité des taux d'intérêt
interest period la période d'intérêt
interest rate le taux d'intérêt
interface (v) communiquer
interim l'intérim
interim budget le budget provisoire
interim statement le relevé provisoire
interlocking directorate les directions imbriquées

intermediary   l'intermédiaire
intermediary goods   les biens intermédiaires
internal   interne
internal audit   le contrôle interne
internal funding   la consolidation interne
internal rate of return   le taux interne de rentabilité
internal revenue tax   la recette fiscale
International Date Line   la ligne internationale de changement de date
interstate commerce   le commerce entre les états des États-Unis
intervene (v)   intervenir
interview   l'entrevue
intestate   intestat
intrinsic value   la valeur intrinsèque
invalidate (v)   invalider
inventory   l'inventaire, les stocks
inventory control   la gestion des stocks
inventory, perpetual   l'inventaire tournant
inventory, physical   l'inventaire physique
inventory turnover   la rotation des stocks
inverted market   le marché inversé
invest (v)   investir
invested capital   le capital investi
investigator   l'enquêteur
investment   l'investissement
investment adviser   le conseiller en investissement
investment analysis   l'analyse des investissements
investment appraisal   l'évaluation des investissements
investment bank   la banque d'investissement
investment budget   le budget d'investissement
investment company   la société d'investissement
investment credit   le crédit d'investissement
investment criteria   les critères d'investissement
investment grade   le niveau d'investissement
investment letter   la déclaration d'investissement
investment policy   la politique d'investissement
investment program   le programme d'investissement

investment, return on   le rendement d'un investissement

investment strategy   la stratégie de l'investissement

investment trust   la coopérative de placement

investors relations   les relations avec les investisseurs

invisibles   les importations, les exportations invisibles

invitation to bid   l'appel d'offre

invoice   la facture

invoice, commercial   la facture commerciale

invoice cost   le coût de facturation

invoice pro forma   la facture pro forma

issue (v)   émettre

issue price   le prix d'émission

issued shares   les actions émises

issue (n) **(stock)**   l'émission

item   l'article

itemize (v)   détailler

itemized account   le compte spécifié

J

Jason clause   clause Jason

jawbone (v)   intervenir personnellement

jet lag   la fatigue due au décalage horaire

jig (production)   le calibre

job   l'emploi

job analysis   l'analyse d'un emploi

job description   la définition d'un poste

job evaluation   l'évaluation d'un emploi

job hopper   le travailleur à grande mobilité

job lot   les soldes

job performance   la compétence

job security   la sécurité de l'emploi

job shop   le fournisseur à la commande

jobber   l'intermédiaire, le marchand de titres

jobber's turn   le bénéfice du marchand de titres

joint account   le compte commun, le compte collectif

joint cost   les frais communs

joint estate   la copropriété
joint liability   l'obligation conjointe
joint owner   le copropriétaire
joint stock company   la société anonyme par actions
joint venture   l'entreprise commune, l'association
journal   le journal
journeyman   l'homme de peine
joystick   le levier de commande
junior partner   l'associé en second
junior security   le titre de second ordre
jurisdiction   la juridiction

K

keep posted (v)   tenir au courant
key exports   l'exportation-clé
key-man insurance   l'assurance de l'homme-clé
Keynesian economics   la théorie keynésienne
keypunch   la perforatrice à clavier
kickback   le pot-de-vin
kiting (banking)   le tirage à découvert
knot (nautical)   le nœud
know-how   le savoir-faire

L

labor   le travail, la main-d'œuvre
labor code   le Code du travail
labor dispute   le conflit ouvrier
labor force   la population active
labor law   le législation du travail
labor leader   le chef syndicaliste
labor market   le marché de l'emploi
labor relations   les relations professionnelles
labor turnover   les fluctuations de personnel
labor union   le syndicat ouvrier
labor-intensive   le consommateur de main-d'œuvre
labor-saving   l'économie de main d'œuvre
laborer   le travailleur
lagging indicator   le clignotant économique

laissez-faire laisser faire

land la terre

land grant la concession (de terrain)

land reform la réforme agraire

land tax l'impôt foncier

landed cost les frais fonciers

landing certificate le certificat de débarquement

landing charges les frais de débarquement

landing costs les dépenses de débarquement

landowner le propriétaire foncier

large-scale à grande échelle

lash le navire porte-allège

last in – first out dernier entré – premier sorti

law la loi, la jurisprudence

law of diminishing returns la loi des rendements décroissants

lawsuit le procès

lawyer l'avocat

lay time le délai de planche

lay up (v) désarmer (un navire)

laydays les jours de planche, les surestaries

layoff le licenciement

layout les débours

lead time le délai d'approvisionnement

leader le meneur

leader bank la banque chef de file

leading firm l'entreprise de pointe

leading indicator l'indicateur de marché

leads and lags le termaillage

leakage la fuite

learning curve la courbe d'accoutumance

lease (n) le bail

lease (v) louer

leased department le rayon d'un grand magasin affermé en concession

leave of absence le congé

ledger le grand livre

ledger account le compte du grand livre

ledger entry   l'entrée du grand livre

legacy   le legs

legal capital   le capital légal

legal entity   la personne morale

legal holiday   la fête légale

legal list (fiduciary investments)   la liste légale

legal monopoly   le monopole légal

legal tender   la monnaie légale

lending margin   la marge de prêt

less-than-carload   le chargement incomplet

less-than-truckload   le chargement incomplet

lessee   le locataire à bail

lessor   le bailleur

letter   la lettre

letter of credit   la lettre de crédit

letter of guaranty   la lettre de garantie

letter of indemnity   le cautionnement

letter of introduction   la lettre d'introduction

level out (v)   égaliser

lever   le levier

leverage   l'effet de levier

leveraged lease   le financement spéculatif

levy taxes (v)   lever des taxes

liability   la responsabilité, le passif

liability, actual   la dette réelle

liability, assumed   le passif pris en charge

liability, contingent   le passif éventuel

liability, current   la dette à court terme

liability, fixed   la dette fixe

liability insurance   l'assurance en responsabilité civile

liability, secured   la dette garantie

liability, unsecured   la dette sans garantie

liable for tax   assujetti à l'impôt

liable to   passible de

libel   la diffamation

license   le permis

license fee   la redevance

licensed warehouse   l'entrepôt autorisé

lien le privilège
life cycle (of product) la durée de vie
life insurance policy la police d'assurance-vie
life member le membre à vie
life of a patent la durée d'un brevet, d'une patente
limited order (stock market) l'ordre avec limites
limited liability la responsabilité limitée
limited partnership la société en commandite
line, assembly la chaîne de montage
line executive le chef de secteur
line of business la spécialité (d'une affaire)
line, product la gamme de produits
lineal estimation l'estimation linéaire
linear linéaire
linear programming la programmation linéaire
linear terms les termes linéaires
liquid assets les disponibilités
liquidation la liquidation
liquidation value la valeur de liquidation
liquidity la liquidité, les espèces
liquidity preference la préférence pour la liquidité
liquidity ratio le coefficient de liquidité
list price le prix courant
listed securities les valeurs inscrites
listing l'établissement d'une liste, la cotation, la liste
litigation le litige
living trust la société de gestion active
load (sales charge) la commission
load factor le coefficient de charge
load, work la charge de travail
loan le prêt, l'emprunt
loan stock (govt. bonds) les valeurs d'emprunt
lobbying l'action d'un groupe de pression
local customs les usages locaux
local taxes les impôts locaux
lock in (rate of interest) le blocage
lockout la grève
logistics la logistique

logo   le logo
long hedge   le contrat à long terme
long ton   la tonne métrique
long-range planning   la planification à long terme
long-term capital account   le compte de capital à long terme
long-term debt   la dette à long terme
loss   la perte
loss, gross   la perte brute
loss leader   l'article-appât
loss, net   la perte nette
loss-loss ratio   le ratio sinistres-primes
lot   le lot
low-income   à faible rendement
low-interest loans   les prêts à faible intérêt
low-yield bond   l'obligation à faible rendement
lump sum   le montant forfaitaire
luxury goods   les marchandises de luxe
luxury tax   la taxe de luxe

M

machinery   le mécanisme, les machines
machining   l'usinage
macroeconomics   la macroéconomie
magnetic memory   la mémoire magnétique
magnetic tape   la bande magnétique
mail order   la vente par correspondance (VPC)
mailing list   la liste d'adresses
mainframe computer   unité centrale de traitement
maintenance   l'entretien
maintenance contract   le contrat de maintenance
maintenance margin   la marge d'entretien
maize   le maïs
majority interest   la participation majoritaire
make available (v)   mettre à disposition
make-or-buy decision   la décision d'achat ou de fabrication
make-ready   la mise en forme

maker (of check, draft, etc.)   le tireur
makeshift   le moyen de fortune
man (gal) Friday   le, la factotum
man-hours   les heures de main-d'œuvre
manage (v)   gérer
managed costs   les frais contrôlés
managed economy   l'économie dirigée
managed float   le flottement dirigé
management   la gestion
management accounting   la comptabilité de gestion
management, business   la gestion d'entreprise
management by objectives   la direction par objectifs
management chart   le tableau de bord
management consultant   l'expert en gestion, le conseiller en gestion
management, credit   la gestion de crédits
management fee   la commission de gestion
management, financial   la gestion financière
management group   le groupe de gestion
management, line   la gestion de lignes
management, market   la gestion commerciale
management, middle   les cadres moyens
management, office   la direction administrative
management, personnel   la direction du personnel
management, product   la gestion de produit
management, sales   la direction des ventes
management, systems   la gestion des systèmes
management team   l'équipe de gestion
management, top   les cadres supérieurs
manager   le directeur
mandate   le mandat
mandatory redemption   le remboursement obligatoire
manifest   le manifeste
manmade fibers   les fibres synthétiques
manpower   la main-d'œuvre
manual workers   les travailleurs manuels
manufacturer   le fabricant, l'industriel

manufacturer's agent   l'agent

manufacturer's representative   le représentant

manufacturing capacity   la capacité de fabrication

manufacturing control   le contrôle de fabrication

margin call   l'appel de marge

margin, gross   la marge brute

margin, net   la marge nette

margin of safety   la marge de sécurité

margin, profit   la marge bénéficiaire

margin requirements   les marges requises

marginal account   le compte marginal

marginal cost   le coût marginal

marginal pricing   la fixation du prix marginal

marginal productivity   la productivité marginale

marginal revenue   le rendement marginal

marine cargo insurance   l'assurance maritime

marine underwriter   l'assureur maritime

markdown   le démarquage

market   le marché

market (v)   commercialiser

market access   le débouché

market appraisal   l'évaluation du marché

market, buyer's   le marché acheteur

market concentration   la concentration du marché

market dynamics   la dynamique du marché

market forces   les tendances du marché

market forecast   la prévision de marché

market, fringe   le marché marginal

market index   l'indice du marché

market-maker (securities)   les valeurs de référence

market management   la gestion commerciale

market penetration   la pénétration du marché

marketing plan   le programme de commercialisation, le projet commercial

market position   la position sur le marché

market potential   le potentiel du marché

market price   le prix du marché

market rating   la classification des marchés

market report   l'analyse de marché
market research   l'étude de marché
market saturation   la saturation du marché
market share   la part du marché
market survey   l'étude des débouchés
market trends   les tendances du marché
market value   la valeur marchande
marketable securities   les titres réalisables
marketing   la commercialisation
marketing budget   le budget commercial
marketing concept   la démarche commerciale
marketing plan   le plan commercial
marketplace   le marché, le monde des affaires
markup   le taux de marge
mass communications   les communications de masse
mass marketing   la distribution de masse
mass media   le média; la presse en général
mass production   la fabrication en série
matched samples   les échantillons provenant d'un même univers
materials   les matériaux
maternity leave   le congé de maternité
mathematical model   la représentation mathématique
matrix management   la méthode des matrices
maturity   l'échéance
maturity date   la date de remboursement
maximize (v)   amplifier
mean (average)   la moyenne
measure (v)   mesurer
mechanical engineering   l'industrie mécanique
mechanic's lien   le privilège du constructeur, le droit de nantissement
median   la médiane
mediation   la médiation
medium of exchange   le moyen d'échange
medium term   le moyen terme
meet the price (v)   être compétitif
meeting   la réunion, l'assemblée, le colloque

meeting, board la réunion du conseil d'administration

member firm la filiale

member of firm la, le sociétaire

memorandum le mémorandum

mercantile mercantile

mercantile agency l'agence de renseignements commerciaux

mercantile law le droit commercial

merchandise la marchandise, le produit

merchandising le négoce

merchant le marchand

merchant bank la banque d'affaires

merchant guild la corporation marchande

merger la fusion

metals les métaux

method la méthode

metrication l'adoption du système métrique

microchip la microplaquette

microcomputer le micro-ordinateur

microfiche la microfiche

microfilm le microfilm

microprocessor le micro-processeur

middle management les cadres moyens

middleman l'intermédiaire

minicomputer le mini-ordinateur

minimum reserves la réserve de sécurité

minimum wage le salaire minimum

minority interest la participation minoritaire

mint la monnaie

miscalculation l'erreur de calcul

miscellaneous divers

misleading trompeur, mensonger

misunderstanding le malentendu, le désaccord

mixed cost les frais mixtes

mixed sampling l'échantillonnage divers

mobility of labor la mobilité de l'emploi

mock-up la maquette

mode le mode

model le modèle

modem le modem

modular production la production modulaire

monetary base la base monétaire

monetary credits les crédits monétaires

monetary policy la politique monétaire

money l'argent

money manager le gérant de fonds à court terme

money market le marché monétaire

money order le mandat-poste

money shop le centre financier

money supply la masse monétaire

monitor l'appareil de contrôle

monopoly le monopole

monopsony le marché monopsone

Monte Carlo technique la méthode de Monte Carlo

moonlighting le travail au noir, le cumul d'emplois

morale le moral, la morale

moratorium le moratoire

mortgage l'hypothèque

mortgage bank la banque hypothécaire

mortgage bond l'obligation hypothécaire

mortgage certificate le certificat hypothécaire

mortgage debenture l'obligation hypothécaire

most favored nation clause la clause de la nation la plus favorisée

motion la motion

motivation study l'étude de motivations

movement of goods la rotation des stocks

moving average la moyenne mobile

moving expenses les dépenses variables, les frais de déménagement

moving parity la parité mobile

multicurrency multidevises

multilateral agreement l'accord multilatéral

multilateral trade le commerce multilatéral

multinational corporation la société multinationale

multiple exchange rate le taux de change multiple

multiple taxation l'imposition multiple

multiples les multiples

multiplier le multiplicateur

multiprogramming la programmation multiple

municipal bond l'obligation municipale

mutual fund la société d'investissement à capital variable (SICAV)

mutual savings bank la mutuelle d'épargne

mutually exclusive classes les catégories d'exclusion réciproque

N

named inland point in country of importation le point de débarquement convenu

named point of destination le lieu de destination convenu

named point of exportation le lieu d'exportation convenu

named point of origin le lieu d'origine désigné

named port of importation le port d'importation convenu

named port of shipment le port d'expédition convenu

national bank la banque nationale

national debt la dette publique

nationalism le nationalisme

nationalization la nationalisation

native produce les produits du pays

natural resources les ressources naturelles

near money la quasi-monnaie

needs analysis l'évaluation des besoins

negative cash flow la marge brute négative

negative pledge l'engagement négatif

negligent négligent, fautif

negotiable commercialisable, négociable

negotiable securities les titres négociables

negotiate (v) négocier

negotiated sale la vente négociée

negotiation la négociation

net asset value la valeur nominale nette

net asset worth   la valeur réelle nette

net assets   l'actif net

net borrowed reserves   les emprunts nets

net cash flow   la marge brute nette

net change   l'écart net du cours

net equity assets   la valeur nette des placements en actions

net income   le revenu net

net investment   l'investissement net

net loss   la perte nette

net margin   la marge nette

net position (of a trade)   la position nette

net present value   la valeur actuelle nette

net profit   le bénéfice net

net sales   le chiffre d'affaires net

net working capital   les fonds de roulement nets

net worth   la valeur nette

network (v)   étendre à l'ensemble du réseau

new issue   la nouvelle émission

new money   les capitaux frais

new product development   le lancement de nouveaux produits

night depository   le coffre de nuit

no-load fund   le titre sans frais de commission

no par value   sans valeur nominale

no problem   sans problème

nominal price   le prix nominal

nominal yield   le rendement nominal

noncumulative preferred stock   le titre de priorité non cumulatif

noncurrent assets   les valeurs non exigibles

nondurable goods   les biens périssables

nonfeasance   délit d'abstention

nonmember   non membre

nonprofit   à but non lucratif

nonresident   non-résident

nonvoting stock   les titres sans droit de vote

norm   la norme

not otherwise indicated by name non mentionné par ailleurs
notary le notaire
note, credit l'avoir
note, debit le bordereau de débit
note, promissory le billet à ordre
note, receivable l'effet à recevoir
novation la novation
null and void nul et non avenu
nullify (v) annuler
numerical control le contrôle numérique

O

obligation l'obligation
obsolescence le vieillissement, la désuétude
occupation le métier
occupational accident l'accident du travail
occupational hazard le risque du métier
odd lot le lot irrégulier
odd lot broker l'agent en lots irréguliers
off board (stock market) hors-bourse
off line autonome, non connecté
off-the-books non-comptabilisé
offer (v) offrir
offer for sale la proposition de vente
offered price le prix offert
offered rate le taux consenti
office le bureau
office, branch la succursale
office, head le siège social
office management la direction administrative
official channels la voie hiérarchique
offset printing l'impression offset
offshore company la compagnie de forage en mer
oligopoly l'oligopole
oligopsony l'oligopsonie
omit (v) omettre, supprimer
on account en compte

on board   à bord
on consignment   en dépôt, en consignation
on demand   sur demande, à vue
on line   en ligne
on-the-job training   la formation dans l'entreprise, sur le tas
on the back   au verso
open account   le compte ouvert
open cover   FACOB (traité facultatif obligatoire)
open door policy   la politique de la porte ouverte
open market   le marché libre
open market operations   les opérations sur le marché libre
open order   l'ordre révocable
open shop   l'entreprise non syndicalisée
opening balance   le bilan d'entrée, le solde à l'entrée
opening price   le cours d'ouverture
operating budget   le budget d'exploitation
operating expenses   les frais d'exploitation
operating income   le revenu d'exploitation
operating profit   le bénéfice net avant impôts
operating statement   le relevé d'exploitation
operations audit   les contrôles de gestion
operations headquarters   le siège opérationnel
operations management   le contrôle d'exploitation
operator   l'exploitant
opportunity costs   le coût d'opportunité
option   l'option
option, stock   l'option de souscription
optional   facultatif
oral bid (stock exchange)   à la criée (à la bourse)
order (n)   la commande
order (v)   commander
order form   le bon de commande
order number   le numéro de commande
order of the day   l'ordre du jour
order, place an (v)   passer une commande
ordinary capital   le capital ordinaire

organization   l'organisation
organization chart   l'organigramme
original cost   le coût initial
original entry   l'enregistrement initial
original maturity   l'échéance originelle
other assets (and liabilities)   autre actif (et passif)
out-of-pocket expenses   les débours
outbid (v)   surenchérir
outlay   la mise de fonds
outlet   le débouché, le point de vente
outlook   la perspective
output   le rendement, la production
outsized articles   les articles de taille exceptionnelle
outstanding contract   le contrat à remplir
outstanding debt   la créance à recouvrir
outstanding stock   les titres en circulation
outturn   le déchet
over-the-counter quotation   la cotation officieuse (hors marché)
overage   l'excédent
overbought   survendu
overcapitalized   surcapitalisé
overcharge   la surcharge
overdraft   le découvert
overdue   en retard
overhang   le surplomb, le porte-à-faux
overhead   général
overhead charges   les frais généraux
overlap (v)   chevaucher
overnight   du jour au lendemain
overpaid   surpayé
oversold   survendu
overstock   le surplus de stock
oversubscribed   sur-souscrit
oversupply   la fourniture excédentaire
overtime   les heures supplémentaires
overvalued   surévalué
owner   le propriétaire

owner's equity   les capitaux propres
ownership   la propriété
ownership, absentee   l'absentéisme (du propriétaire), le propriétaire absent

P

package deal   le contrat global
packaging   le conditionnement
packing case   la caisse d'emballage
packing list   le colisage
paid holiday   les congés payés
paid in full   entièrement payé
paid-in surplus   le surplus versé
paid up capital   le capital versé
paid up shares   les actions libérées
pallet   la palette
palletized freight   le fret transporté sur palettes
paper   le papier
paper profit   le profit fictif
paper tape   le papier gommé
par   le pair
par, above   au-dessus du pair
par, below   au-dessous du pair
par value   la valeur au pair
parcel post   le paquet-poste
parent company   la maison-mère   •
parity   la parité
parity income ratio   le rapport parité/revenu
parity price   le prix de parité
part cargo   le chargement partiel
partial payment   le paiement partiel
participating preferred stock   les titres privilégiés de participation
participation fee   les honoraires de participation
participation loan   le prêt en participation
particular average loss   la perte d'avarie particulière
partner   l'associé(e)
partnership   l'association (de personnes)

parts   les parts, les pièces

passbook   le carnet de compte, le livret de banque

passed dividend   le dividende passé

past due   en souffrance

patent   le brevet

patent application   le dépôt de brevet

patent law   la loi sur les brevets

patent pending   brevet en attente d'homologation

patent royalty   la redevance sur un brevet

patented process   la méthode brevetée

pattern   le modèle

pay (v)   payer

pay as you go   (système) de retenue à la source, méthode de forfait avec rectifications périodiques

pay off (v)   régler, payer sous la table

pay up (v)   acquitter, libérer

payable on demand   payable sur demande

payable to bearer   payable au porteur

payable to order   payable à la commande

payback period   le délai d'amortissement

payee   la, le bénéficiaire

payer   le payeur

payload   les charges salariales

paymaster   le trésorier-payeur

payment   le paiement

payment in full   le règlement intégral

payment refused   le paiement refusé

payout period   le délai de paiement

payroll   l'ensemble des salaires

payroll tax   l'impôt sur les salaires

p/e ratio   le coefficient de capitalisation des résultats

peak load   la charge maximum

pegged price   le prix contrôlé

pegging   le blocage, l'indexation

penalty clause   la clause pénale

penalty-fraud action   le procès intenté en cas de fraude

penny stock   les actions cotées en cents

pension fund   la caisse de retraite
per capita   par habitant
per diem   par jour
per share   par action
percentage earnings   les gains au pourcentage
percentage of profit   le tantième
performance bond   la garantie de bonne exécution
periodic inventory   l'inventaire périodique
peripherals   les périphériques
perks   les petits profits
permit   le permis
perpetual inventory   l'inventaire perpétuel
personal deduction   le nombre d'exemption par individu
personal exemption   l'exemption personnelle
personal income tax   l'impôt sur le revenu des personnes physiques (IRPP)
personal liability   la responsabilité individuelle
personal property   les biens meubles
personality test   le test psychologique
personnel administration   l'administration du personnel
personnel department   le service du personnel
personnel management   la direction du personnel
petrochemical   pétrochimique
petrodollars   les pétrodollars
phase in (v)   introduire graduellement
phase out (v)   supprimer peu à peu
physical inventory   l'inventaire des marchandises
phytosanitary regulations   les réglementations phytosanitaires
pick-up and delivery   le ramassage et la livraison
picket line   le piquet
pie chart   le graphique circulaire "camembert"
piecework   le travail à la pièce
piggyback service   le service de ferroutage
pilferage   le larcin
pilotage   les droits de pilotage
pipage   la canalisation

place an order (v) passer commande
place of business le lieu d'affaires, l'adresse d'une entreprise
plan le projet
plan, action le plan d'action
plan, market le projet commercial
planned obsolescence le vieillissement calculé
plant (n) l'usine
plant capacity la capacité de production
plant location l'implantation d'une usine
plant manager le directeur d'une usine
pledge l'engagement, le gage
plenary meeting la réunion pléniaire
plowback (earnings) le réinvestissement
plus accrued interest intérêt couru supplémentaire
point (percentage, mortgage term) le point
point of order le point de procédure
point of sale le point de vente
policy la politique, la police d'assurance
policyholder l'assuré
pool (of funds) la mise en commun
pool (v) mettre en commun
pooling of interest la mise en commun d'intérêts
portfolio le portefeuille
portfolio management la gestion des portefeuilles
portfolio, stock le portefeuille de titres
portfolio theory la théorie de portefeuille
portion la tranche
position limit la position-limite
positive cash flow la marge brute positive
post (bookkeeping) (v) porter en compte, inscrire
postdate (v) postdater
postdated postdaté
postpone (v) ajourner
potential buyer l'acheteur potentiel
potential sales les ventes potentielles
power of attorney la procuration
practical pratique

preemptive right   le droit de préemption
prefabrication   la préfabrication
preferential debts   les dettes privilégiées
preferred stock   les valeurs privilégiées
preferred tariff   le tarif préférentiel
preliminary prospectus   l'avant-projet de prospectus
premises   les locaux
premium, acceleration   la prime de remboursement anticipé
premium, insurance   la prime d'assurance
premium offer   l'offre supplémentaire
premium pricing   l'établissement de la prime
prepaid expenses (balance sheet)   les frais payés d'avance (bilan)
prepay (v)   payer d'avance
president   le directeur général
preventive maintenance   l'entretien préventif
price (n)   le prix, le cours
price (v)   établir un prix
price, competitive   le prix compétitif
price cutting   le rabais
price differential   le différentiel des prix
price-earnings ratio   le coefficient de capitalisation des résultats
price elasticity   l'élasticité des prix
price fixing   la fixation du prix
price index   l'indice de prix
price limit   le prix limite
price list   le barème, le tarif
price, market   le prix du marché
price range   la gamme des prix, la fourchette des prix
price support   le soutien des prix
price tick   le pointage des prix
price war   la guerre des prix
primary market   le marché préliminaire
primary reserves   les réserves de base
prime costs   le prix de revient
prime rate   le taux d'escompte bancaire préférentiel
prime time   la période de pointe

principal   le capital
printed matter   les imprimés
printout   la liste imprimée
priority   la priorité
private fleet   la flotte privée
private label (or brand)   la marque du distributeur
private placement (finance)   l'investissement privé
pro forma invoice   la facture pro forma
pro forma statement   le relevé pro forma
probate   la validation
problem   le problème
problem solving   la résolution des problèmes
proceeds   le produit de la vente
process (v)   traiter
process, production   la production
processing error   l'erreur de traitement
procurement   l'acquisition
product   le produit
product analysis   l'étude du produit
product design   la conception du produit
product development   la mise au point du produit
product dynamics   la dynamique des produits
product group   le groupe de produits
product life   la durée de vie d'un produit
product line   la ligne de produits
product management   la gestion des produits
product profitability   la rentabilité d'un produit
production   la production
production control   le contrôle de la production
production costs   le coût de la production
production line   la ligne de production
production process   le processus de production
production schedule   le programme de production
productivity   la productivité
productivity campaign   la campagne de productivité
profession   la profession
profit   le bénéfice
profit-and-loss account   le compte des pertes et profits

profit-and-loss statement l'état des pertes et profits
profit factor le facteur rentabilité
profit, gross le bénéfice brut
profit impact l'incidence sur les bénéfices
profit margin la marge bénéficiaire
profit, net le bénéfice net
profit projection la prévision des bénéfices
profit sharing la participation aux bénéfices
profit-taking la prise de bénéfices
profitability la rentabilité
profitability analysis l'étude de rentabilité
prohibited goods les marchandises prohibées
program (n) le programme
program (v) programmer
project (n) le projet
project (v) projeter
project planning la planification
promissory note le billet à ordre
promotion la promotion, l'avancement
promotion, sales les ventes promotionnelles
promotional activity l'activité de promotion
prompt rapide
proof of loss la pièce justificative de perte
property la propriété
proprietary détenu par le propriétaire, propriété exclusive
proprietor la, le propriétaire
prospectus le prospectus
protectionism le protectionnisme
protest (banking, law) la protestation, le protêt
proxy le fondé de pouvoir, la procuration
proxy statement la circulaire d'information
prudent man rule la règle sage
public auction la vente aux enchères
public company la société anonyme par actions
public domain le domaine public
public funds les fonds publics
public offering l'offre publique

public opinion poll le sondage
public property la propriété publique
public relations les relations publiques
public sale la vente publique
public sector le secteur public
public utility le service public
public works les travaux publics
publicity la publicité
pump priming les mesures de relance de l'économie
punch card la carte perforée
purchase (v) acheter
purchase money mortgage l'hypothèque consentie au vendeur d'un immeuble par l'acheteur en garantie du montant du prêt non liquidé
purchase order le bon de commande, l'ordre d'achat
purchase price le prix d'achat
purchasing manager le directeur des achats
purchasing power le pouvoir d'achat
pure risk le risque pur
put and call la double option, le stellage
put in a bid (v) faire une offre
put option l'option de vente
pyramid selling la vente pyramidale
pyramiding la technique pyramidale

Q

qualifications les compétences
qualified acceptance endorsement l'acceptation sous réserve
quality control le contrôle de qualité
quality goods les marchandises de qualité
quantity la quantité
quantity discount la remise pour quantité importante
quasi-public company la société quasi-publique
quick assets l'actif disponible
quit claim deed l'acte de transfert d'un droit
quorum le quorum
quota les contingents

quota, export   les contingents à l'exportation
quota, sales   les contingents de vente
quota system   le système des contingents
quotation   la cotation

R

rack jobber   le grossiste-étalagiste
rail shipment   l'expédition ferroviaire
railway transportation   le transport ferroviaire
rain check   la partie remise
raising capital   le capital en accroissement
rally   la reprise
random access memory   la mémoire vive
random sample   l'échantillon aléatoire
range   la tranche
rate   le taux
rate, base   le taux de base
rate of growth   le taux de croissance
rate of increase   le taux de croissance
rate of interest   le taux d'intérêt
rate of return   le taux de rentabilité
rating, credit   l'évaluation de la solvabilité
rating, market   l'évaluation du marché
ratio   le coefficient
rationing   le rationnement
raw materials   les matières premières
re-export   la réexportation
ready cash   l'argent comptant
ready-to-wear   le prêt-à-porter
real assets   les biens immobiliers
real estate   la propriété immobilière
real income   le revenu réel
real investment   l'investissement réel
real price   le prix réel
real time   le temps réel
real wages   le salaire réel
reasonable care   la gestion raisonnable
rebate   la remise

recapitalization la recapitalisation

receipt le reçu

recession le recul, la recession

reciprocal trading le commerce croisé

record date la date d'inscription

recourse le recours

recovery le recouvrement

recovery of expenses le remboursement des dépenses

red tape la paperasserie

redeemable bond l'obligation amortissable

redemption allowance l'allocation de l'amortissement

redemption fund le fonds d'amortissement

redemption premium la prime de remboursement

rediscount rate le taux de réescompte

reference, credit la référence de crédit

reference number le numéro de référence

refinancing le refinancement

reflation la relance par l'augmentation de la masse monétaire

refund le remboursement

refuse acceptance (v) refuser l'acceptation

refuse payment (v) refuser le paiement

regard (with regard to) rapport (par rapport à)

registered check le chèque enregistré

registered mail le courrier recommandé

registered representative le représentant agrée

registered security le titre nominatif

registered trademark la marque déposée

regression analysis l'analyse de régression

regressive tax l'impôt régressif

regular warehouse l'entrepôt régulier

regulation la réglementation

reimburse (v) rembourser

reinsurer le réassureur

reliable source la source digne de confiance

remainder le reliquat

remedy (law) le recours

remission of duty le droit de remise
remission of a tax la détaxe
remuneration la rémunération
renegotiate (v) renégocier
renew (v) renouveler
rent le loyer, la rente
rent (v) louer, prendre en location
reorder (v) passer commande
reorganization la réorganisation
repay (v) rembourser
repeat order la commande de renouvellement
replacement cost le coût de remplacement
replacement parts les pièces de rechange
reply (v) répondre
reply, in . . . to en réponse à
report le rapport
repossess (v) reprendre possession
representative le représentant
reproduction costs les frais de reproduction
request for bid l'appel d'offre
requirements les besoins
resale la revente
research la recherche
research and development la recherche et le développement
reserve la réserve
resident buyer l'acheteur résident
resolution (legal documents) la résolution
resource allocation la répartition des ressources
restrictions on export les restrictions à l'exportation
restrictive labor practices la discrimination à l'embauche
restructure (v) restructurer
résumé (n) le curriculum vitae
resume (v) résumer
retail la vente au détail
retail bank la banque de détail
retail merchandise la marchandise de détail

retail outlet   le magasin de détail, le point de vente
retail price   le prix de détail
retail sales tax   l'impôt sur les ventes au détail
retail trade   le commerce de détail
retained earnings   les gains non distribués
retained profits   les bénéfices non distribués
retirement   la retraite
retroactive   rétroactif
return on assets managed   la rentabilité du capital investi
return on capital   la rémunération du capital
return on equity   la rentabilité des capitaux propres
return on investment   le rendement d'un investissement
return on sales   le produit des ventes
return, rate of   le taux de rendement
revaluation   la réévaluation
revenue   le revenu
revenue bond   l'obligation à intérêt conditionnel
reverse stock split   la consolidation du capital
revocable trust   la fiducie révocable
revolving credit   le crédit par acceptation renouvelable, le crédit tournant
revolving fund   le fonds de roulement, le fonds tournant
reward   la rétribution
rider (documents)   l'avenant, l'allonge
right of recourse   le droit de recours
right of way   le droit de passage
risk   le risque
risk analysis   l'analyse du risque
risk assessment   l'appréciation des risques
risk capital   le capital de risque
rollback   la baisse des prix imposés
rolling stock   le matériel roulant
rollover   le crédit à taux revisable
rough draft   l'esquisse
rough estimate   le devis approximatif
round lot   la quotité

routine la routine

royalty (payment) la redevance

running expenses les dépenses courantes

rush order la commande urgente

S

safe deposit box le compartiment d'un coffre-fort

safe investment les valeurs de père de famille, les valeurs sûres

safeguard la sauvegarde

salary le traitement, les émoluments, les gages, la rétribution

sale and leaseback la cession-bail

sale through mail order la vente par correspondance

sales les ventes

sales analysis l'analyse des ventes

sales budget le budget des ventes

sales estimate l'estimation des ventes

sales force l'équipe des vendeurs

sales forecast la prévision de vente

sales management le service des ventes

sales promotion la promotion des ventes

sales quota les contingents de vente

sales tax l'impôt sur le chiffre d'affaires, la taxe à l'achat

sales territory le secteur des ventes

sales volume le volume des ventes, le chiffre d'affaires

salvage (v) récupérer

salvage charges la prime de sauvetage, les frais de sauvetage

salvage value la valeur résiduelle, la valeur de liquidation

sample (v) échantillonner

sample line la ligne d'échantillons

sample size le format échantillon

savings l'épargne

savings account le compte d'épargne

savings bank la banque d'épargne, la caisse d'épargne

savings bond   le bon d'épargne
schedule   le programme
screening   le filtrage
script   le document original, le manuscrit
sealed bid   le pli cacheté contenant une offre, la soumission
seasonal   saisonnier
second mortgage   la deuxième hypothèque
second position   la deuxième position
secondary market (securities)   le marché secondaire
secondary offering (securities)   l'offre secondaire
secretary   la, le secrétaire
secured accounts   les comptes garantis
securities   les titres, les valeurs
security   la garantie, la sécurité
self-appraisal   l'auto-appréciation
self-employed   indépendant
self-management   l'autogestion
self-service   le libre service
self-sufficiency   l'autarcie
sell (v)   vendre
sell direct (v)   vendre directement
sell, hard   la vente par des méthodes agressives
sell, soft   la vente par des méthodes de suggestion
semivariable costs   les dépenses semi-variables
senior issue   l'émission de premier rang
seniority   l'ancienneté
separation   la séparation
serial bonds   les obligations échéant en série
serial storage   la mémoire par série
service (v)   assurer l'entretien
service, advisory   le service de conseil
service contract   le contrat d'entretien
service, customer   le service clients
set-up costs   les frais d'installation
settlement   le règlement
settlement, full   la liquidation totale, la liquidation solde de tout compte

severance pay   l'indemnité de licenciement
shareholder   l'actionnaire
shareholder's equity   les capitaux propres de l'actionnaire
shareholders' meeting   l'assemblée des actionnaires
shares   les actions
shift (labor)   l'équipe
shipment   l'expédition
shipper   l'expéditeur
shipping agent   l'agent maritime
shipping charges   les frais d'expédition
shipping expenses   les dépenses d'expédition
shipping instructions   les instructions d'expédition
shipping memo   le bordereau d'expédition
shopping center   le centre commercial
short delivery   la livraison incomplète
be short of (v)   être à court de
short position   la position à la baisse
short sale   la vente à découvert
short shipment   le chargement incomplet
short supply   l'approvisionnement insuffisant
short-term capital account   le compte de capital à court terme
short-term debt   la dette à court terme
short-term financing   le financement à court terme
shortage   la pénurie
shrink-wrapped   emballé sous film rétractable
sick leave   le congé maladie
sight draft   la traite à vue
signature   la signature
silent partner   le bailleur de fonds, le commanditaire
simulate (v)   simuler
sinking fund   le fonds d'amortissement
skilled labor   la main-d'œuvre qualifiée
slice   la tranche
sliding parity   la parité mobile
sliding scale   l'échelle mobile
slump   l'effondrement, le marasme

small business   la petite entreprise

soft currency   la devise faible

soft goods   les tissus

soft loan   le crédit à taux privilégié

soft sell   la vente par des méthodes de suggestion

software   le logiciel

software broker   le courtier en logiciel

sole agent   l'agent exclusif

sole proprietorship   l'entreprise individuelle

sole rights   les droits exclusifs

solvency   la solvabilité

specialist (stock exchange)   le spécialiste en certaines valeurs

specialty goods   les produits spéciaux

specific duty   le droit spécifique

speculator   le spéculateur, l'accompagnateur

speed up (v)   accélérer

spin-off   la retombée

split, stock   le fractionnement des actions

spoilage   les déchets

sponsor (of fund, partnership)   le répondant

spot delivery   la livraison immédiate, l'opération au comptant

spot market   le marché du disponible, le marché au comptant

spread   l'écart des cours

spreadsheet   le tableau financier

staff   le personnel, l'état-major

staff and line   organisation mixte (état-major et responsables sur le terrain)

staff assistant   le cadre adjoint

staff organization   la direction du personnel

stagflation   la stagflation

stale check   le chèque périmé

stand-alone text processor   la machine à traitement de texte autonome

stand-alone workstation   le poste de travail autonome

stand in line (v)   faire la queue

standard costs   les coûts standard

standard deviation l'écart type
standard of living le niveau de vie
standard practice le procédé type
standard time le temps normal, l'heure normale
standardization la normalisation
standing charges les frais permanents
standing costs les frais fixes
standing order l'ordre permanent
start-up cost les frais d'établissement
statement l'état
statement, financial l'état financier
statement of account le relevé de compte
statement, pro forma l'état pro forma
statement, profit-and-loss l'état des pertes et profits
statistics les statistiques
statute le statut
statute of limitations la prescription légale
stock les valeurs, les titres, le stock
stock certificate le titre de bourse
stock control la gestion des stocks
stock exchange la bourse (des valeurs)
stock-in-trade stocks et fournitures en magasin et fabrication en cours
stock index l'indice des actions
stock market le marché des actions, la bourse
stock option l'option en bourse
stock power le pouvoir pour le transfert et la vente d'actions
stock profit la plus-value des titres
stock purchase l'achat de titres
stock split le fractionnement des actions
stock takeover le rachat
stock turnover la rotation des stocks
stockbroker le courtier en bourse, l'agent de change
stockholder l'actionnaire
stockholder's equity le capital propre
stocks (and bonds) les valeurs mobilières
stop-payment le paiement bloqué

storage   l'entreposage

store   le magasin, la réserve

stowage   l'arrimage

stowage charges   les frais d'arrimage

straddle   l'opération mixte (option d'achat plus option à la vente)

strapping   l'opération mixte (une vente, deux achats)

strategic articles   les articles stratégiques

streamline (v)   rationaliser

stress management   la tension des dirigeants

strike (v)   faire la grève

strike day   le jour de grève

strike, wildcat   la grève sauvage

strikebreaker   le briseur de grève

stuffing   le bourrage

subcontract   le contrat de sous-traitance

subcontractor   le sous-traitant

sublet (v)   sous-louer

subscription price   le prix de souscription, le prix de l'abonnement

subsidiary   la filiale

subsidy   la subvention

substandard   au-dessous de la norme

sum-of-the-year digits   l'amortissement proportionnel à l'ordre numérique inversé des années

supersede (v)   remplacer

supervisor   le chef d'atelier

supplier   le fournisseur

supply and demand   l'offre et la demande

supply services   les services d'intendance

support activities   les activités de soutien

surcharge   la surcharge

surety company   la société de cautionnement

surplus capital   le capital de réserve

surplus goods   les excédents

surtax   la surtaxe

suspended payment   le paiement en souffrance

switching charges   les frais reportés

sworn   assermenté

syndicate   le syndicat, le consortium

systems analysis   l'analyse des systèmes

systems design   la conception de systèmes

systems engineering   l'organisation des systèmes

systems management   la gestion des systèmes

T

table of contents   la table des matières

take down (v)   prendre note

take-home pay   le salaire net

take off (v)   décoller, faire un rabais

take out (v)   contracter

takeover   le rachat

takeover bid   l'offre publique d'achat

tangible assets   les valeurs matérielles

tanker   le wagon-citerne, le bateau-citerne, le camion-citerne

target price   le prix cible

tariff   le tarif

tariff barriers   les barrières tarifaires

tariff charge   les charges tarifaires

tariff classification   la classification tarifaire

tariff commodities   les produits figurant au tarif douanier

tariff differential   l'écart tarifaire

tariff war   la guerre tarifaire

task force   le groupe de travail

tax   l'impôt, la taxe

tax allowance   l'exonération fiscale, l'abattement fiscal

tax base   l'assiette de l'impôt

tax burden   la pression fiscale

tax collector   le percepteur

tax deduction   la déduction fiscale

tax evasion   la fraude fiscale

tax, excise   le droit d'accise

tax, export   la taxe à l'exportation

tax-free income   le revenu libre d'impôt

tax haven   le paradis fiscal

tax, import   la taxe à l'importation

tax relief   le dégrèvement

tax, sales   la taxe sur le chiffre d'affaires

tax shelter   le paradis fiscal

taxation   l'imposition, la taxation

team management   l'équipe de gestion

telecommunications   les télécommunications

telemarketing   le télémarketing

teleprocessing   le télétraitement

teller   le guichetier

tender   la soumission, l'offre

tender, legal   la monnaie légale

tender offer   l'adjudication

term bond   l'obligation à terme

term insurance   l'assurance à terme

term loan   le prêt à terme fixe

terminal   le terminal

terminate (v)   terminer, résilier

terms of sale   les clauses de vente

territorial waters   les eaux territoriales

territory   le territoire

test   l'essai

thin market   le marché réduit

third-party exporter   l'exportateur tiers, l'intermédiaire

third window   le troisième guichet

through bill of lading   le connaissement direct

throughput   la capacité de traitement, le rendement

tick, price   le pointage des prix

ticker tape   la bande de téléscripteur

tied aid   l'aide conditionnelle

tied loan   le prêt conditionnel

tight market   le marché difficile

time and motion   l'organisation scientifique du travail

time bill (of exchange)   l'effet à terme

time deposit   le dépôt à terme

time, down   le temps mort
time, lead   le délai de livraison
time order   l'ordre à terme
time sharing   le temps partagé
time zone   le fuseau horaire
timetable   l'emploi du temps, l'horaire
tip   le pourboire
tip (inside information)   le tuyau
title   le titre
title insurance   l'assurance de titres de propriété
to the bearer   au porteur
tombstone   l'annonce de placement
tonnage   le tonnage
tools   les outils, les instruments
top management   les cadres supérieurs
top price   le prix fort
top quality   la qualité supérieure
topping up   le complément
tort   le dommage
trade (n)   le commerce
trade (v)   commercer
trade acceptance   l'acceptation commerciale
trade agreement   l'accord commercial
trade association   l'association commerciale
trade barrier   la barrière commerciale
trade commission   la commission commerciale
trade credit   le crédit commercial
trade date   la date de transaction
trade discount   l'escompte d'usage
trade, fair   le libre-échange réciproque
trade house   la maison de commerce
trade-off   l'échange
trade union   le syndicat ouvrier
trademark   la marque de fabrique
trader   le négociant, l'opérateur en bourse
trading company   la société de commerce
trading floor   la corbeille (à la bourse)
trading limit   la limite de négociation

trainee la, le stagiaire
transaction la transaction
transfer le transfert
transfer agent l'agent de transfert
transferred muté
transit, in en transit
translator le traducteur, la traductrice
traveler's check le chèque de voyage
treasurer le trésorier
treasury bill le bon du trésor
treasury bonds les bons du trésor (échéance à plus de dix ans)
treasury notes les bons du trésor (échéance entre un et dix ans)
treasury stock les actions de trésorerie
treaty le traité, l'accord, le contrat
trend la tendance
trial balance la balance de vérification
troubleshoot (v) concilier
troubleshooter le médiateur, le dépanneur, l'enquêteur
truckload le chargement complet
trust le trust, le fidéicommis
trust company la compagnie fiduciaire
trust fund le fonds de dépôt
trust receipt la recette fiduciaire
trustee le curateur, le mandataire, l'administrateur
turnkey clefs en main
turnover asset la rotation de l'actif
turnover, inventory la rotation des stocks
turnover, sales les ventes d'écoulement
turnover stock le stock de roulement
two-name paper le papier à deux noms
two-tiered market le marché à deux niveaux

U

ultra vires acts les excès de pouvoir
unaccompanied goods les marchandises non accompagnées

uncollectible accounts les comptes non recouvrables
undercapitalized sous-capitalisé
undercut (v) vendre moins cher
underdeveloped nations les pays en voie de développement
underestimate (v) sous-estimer
underpaid sous-payé
undersigned soussigné
understanding (agreement) l'entente, l'accord verbal
undertake (v) entreprendre
undervalue (v) sous-évaluer
underwriter l'assureur, le membre d'un syndicat de garantie
undeveloped inexploité
unearned increment la plus-value
unearned revenue la rente
unemployment le chômage
unemployment compensation l'indemnité de chômage
unfair injuste, déloyal
unfavorable défavorable
unfeasible irréalisable
union contract le contrat syndical
union label l'appartenance syndicale
union, labor le syndicat ouvrier
unit cost le prix de revient unitaire
unit load discount la remise à l'unité
unit of data transmission speed le baud
unit price le prix à l'unité
unlisted non coté, hors cote
unload (v) décharger
unsecured loan le prêt non garanti
unskilled labor la main-d'œuvre non qualifiée
up to our expectations à la hauteur de nos prévisions, à la hauteur de notre attente
upmarket le haut de gamme
upturn la reprise (économique), le redressement
urban renewal la rénovation des zones urbaines
urban sprawl l'urbanisation effrénée

use tax   la taxe à la consommation
useful life   la durée utile
user-friendly   favorable à l'utilisateur, d'une utilisation agréable
usury   l'usure
utility   l'utilité; le service public

V

valid   valide, valable
validate (v)   valider
valuation   l'évaluation; l'estimation
value   la valeur
value-added tax   la taxe à la valeur ajoutée
value, asset   la valeur en capital
value, book   la valeur comptable
value engineering   l'analyse de la valeur
value, face   la valeur nominale
value for duty   la valeur douanière
value, market   la valeur marchande, le cours
variable annuity   l'annuité variable
variable costs   les frais variables
variable import levy   l'impôt variable à l'importation
variable margin   la marge variable
variable rate   le taux variable
variable rate mortgage   l'hypothèque à taux variable
variance   l'écart
velocity of money   la vitesse de circulation
vendor   le fournisseur, le vendeur
vendor's lien   le privilège du fournisseur
venture capital   le capital spéculatif
vertical integration   l'intégration verticale
vested interests   les intérêts acquis
vested rights   les droits acquis
veto   le veto
vice-president   le vice-président
visible balance of trade   la balance commerciale visible
voice-activated   à commande vocale

voided check   le chèque annulé
void   vide, nul
volatile market   le marché instable
volume   le volume
volume discount   la remise pour quantité importante
volume, sales   le volume des ventes
voting right   le droit de vote
voucher   la pièce justificative, le reçu

W

wage   le salaire
wage differential   l'écart de salaire
wage dispute   le conflit salarial
wage drift   la dérive des salaires
wage earner   le salarié
wage freeze   le blocage des salaires
wage level   le niveau des salaires
wage-price spiral   la spirale des prix et des salaires
wage scale   l'échelle des salaires
wage structure   la structure des salaires
wages   les salaires
waiver clause   la clause d'abandon
walkout   le débrayage
want ad   la demande ou l'offre d'emploi (petites annonces)
warehouse   l'entrepôt
warehouseman   le manutentionnaire
warrant   la garantie, le certificat
warranty   la garantie
wasting asset   l'actif défectible
wave of the future   la tendance future
waybill   le bordereau d'expédition, la lettre de voiture
wealth   la richesse
wear and tear   l'usure
weekly return   le bilan hebdomadaire
weight   le poids
weighted average   la moyenne pondérée

wharfage charge   les frais de quayage, les droits de bassin

when issued   au moment de l'émission

white collar workers   les employés de bureau

wholesale market   le marché de gros

wholesale price   le prix de gros

wholesale trade   le commerce de gros

wholesaler   le grossiste

wildcat strike   la grève sauvage

will   la volonté, le testament

windfall profits   l'aubaine

window dressing   l'art de l'étalage, la présentation d'une vitrine

wire transfer   le transfert télégraphique

with average   avec avarie particulière

withholding tax   la retenue à la source (impôts)

witness   le témoin

word processor   l'équipement de traitement de texte

work (v)   travailler

work by contract   le travail sous contrat

work committee   le comité d'entreprise

work council   le comité d'entreprise

work cycle   le cycle du travail

work day   le jour ouvrable

work in progress   les travaux en cours

work load   la charge de travail

work order   l'ordre de fabrication

work schedule   l'emploi du temps, l'horaire

work station   le poste de travail

work stoppage   le temps chômé

workforce   la main-d'œuvre

working assets   l'actif de roulement

working balance   le solde de roulement

working capital   le fonds de roulement

working class   la classe ouvrière

working contract   le contrat de travail

working funds   les fonds d'exploitation

working hours   l'horaire de travail

working papers   le permis de travail
working tools   les outils de travail
workplace   le lieu de travail
workshop   l'atelier
World Bank   la Banque Mondiale
worth, net   la valeur nette
worthless   sans valeur
writ   l'acte judiciaire
write-off   la déduction
writedown   la réduction
written agreement   l'accord écrit
written bid (stock exchange)   par casier (à la bourse)

Y

yardstick   l'étalon
year   l'année
year-end   la fin d'année
year, fiscal   l'année budgétaire, l'exercice financier
yield   le rapport
yield to maturity   le rendement à l'échéance

Z

zero coupon   le coupon zéro
zip code   le code postal
zone   la zone
zoning law   la réglementation d'urbanisation

FRENCH TO ENGLISH

A

abattement (m) **fiscal**   tax allowance

à bord   on board

à but non lucratif   nonprofit

à commande vocale   voice-activated

à des conditions normales   arms length

à et de   at and from

à flot   afloat

à grande échelle   large scale

à . . . jours de vue   aftersight

à l'achat et à vente   bid and asked

à la criée (à la bourse)   oral bid (stock exchange)

à la fermeture   at the close

à la hauteur de nos prévisions   up to our expectations

à l'ouverture (f)   at the opening

à vue   at call, at sight, on demand

abandon (m)   abandonment (prime, option)

abandonner   abandon (v)

abattement (m)   abatement

absentéisme du propriétaire (m)   absenteeism, absentee ownership

absorber   absorb (v)

accélérer   speed up (v)

acceptation (f)   acceptance

acceptation bancaire   bank acceptance

acceptation commerciale   trade acceptance

acceptation conditionnelle   conditional acceptance

acceptation sans réserves   general acceptance

acceptation sous réserve   qualified acceptance endorsement

accepter   accept (v)

accepteur (m)   acceptor

accident (m) **du travail**   industrial accident, occupational accident

accompagnateur (m)   speculator

accord (m)   agreement, treaty

accord à l'amiable   gentleman's agreement

accord commercial   trade agreement
accord d'acceptation   acceptance agreement
accord d'arbitrage   arbitration agreement
accord de coopération   cooperation agreement
accord écrit   written agreement
accord général   accord and satisfaction
accord multilatéral   multilateral agreement
accord tacite   implied agreement
accord unanime   across-the-board settlement
accord verbal   understanding (agreement)
accorder   allow (v)
accroissement (m)   accretion
accumulation (f) **des intérêts**   accrual
accuser réception de   acknowledge receipt of (v)
achat (m) **à terme**   forward purchase
achat de titres   stock purchase
achat par correspondance   mail order purchase
achat spontané   impulse buying
acheter   purchase (v)
acheter au meilleur prix   buy at best (v)
acheter en clôture   buy on close (v)
acheter en ouverture   buy on opening (v)
acheteur (m)   buyer
acheteur de créance   credit buyer
acheteur potentiel   potential buyer
acheteur principal   chief buyer
acheteur résident   resident buyer
acompte (m)   down payment
acquérir   acquire (v)
acquisition (f)   acquisition, procurement
acquisition des informations   data acquisition
acquittement (m) **bancaire**   bank release
acquitter   pay up (v)
acte (m)   deed
acte de transfert d'un droit   quit claim deed
acte de cession   deed of transfer
acte de confiance   deed of trust
acte de vente   deed of sale, bill of sale

acte judiciaire writ

actif (m) asset, assets

actif circulant turnover asset

actif de roulement working assets

actif défectible wasting asset

actif disponible current assets, quick assets

actif net net assets

actif réalisable current assets

actifs occultés hidden assets

action (f) **à revenu variable** equity

action au porteur bearer security

action civile civil action

action d'un groupe de pression lobbying

action en capital share equity

action ordinaire common stock

action positive affirmative action

actionnaire (m) shareholder

actions (fpl) shares

actions cotées au-dessous du pair discount securities

actions cotées en cents penny stock

actions émises issued shares

actions libérées paid up shares

actions privilégiées convertibles convertible preferred stock

activité (f) **commerciale** business activity

activité de promotion promotional activity

activités (fpl) **de soutien** support activities

actuaire (m) actuary

additif (m) addendum

addition (f) footing (accounting)

adjoint (m) assistant

adjoint au directeur général assistant general manager

adjudication (f) tender offer

admettre acknowledge (v)

administrateur (m) trustee, administrator, executive director

administratif administrative

administration (f) administration

administration du personnel   personnel administration

administratrice (f)   administratrix

adoption (f) **du système métrique**   metrication

adresse (f) **d'une entreprise**   place of business

affacturage (m)   factoring

affectation (f)   appropriation, assignment, allotment

affectation à un poste   assignment (personnel)

affectation au budget   budget appropriation

affecter   earmark (v)

affermage (m)   equipment leasing

affidavit (m)   affidavit

affilié (m)   affiliate

affrètement (m)   affreightment, charter

affrètement coque nue   bareboat charter

agence (f)   agency, dealership

agence de publicité   advertising agency

agence de renseignements commerciaux   mercantile agency

agence gouvernementale   government agency

agent (m)   agent

agent de change   stockbroker

agent de charte-partie   charter-party agent

agent de recouvrement   collection agent

agent de transfert   transfer agent

agent en lots irréguliers   odd lot broker

agent exclusif   sole agent, manufacturer's agent

agent fiscal   fiscal agent

agent immobilier   estate agent

agent maritime   shipping agent

agrandir   enlarge (v)

agrément (m)   approval

agriculture (f)   agriculture

aide (f) **conditionnelle**   tied aid

ajourner   postpone (v)

ajustement fiscal (m) **aux frontières**   border tax adjustment

ajuster   adjust (v)

algorithme (m)   algorithm

allocation (f)   allowance
allocation de l'amortissement   redemption allowance
allocation en capital   capital allowance
allocation pour frais de transport accordée au client
  freight allowance
allonge (f)   rider (documents)
allouer   allow (v)
améliorations (f)   improvements
amendment (m)   amendment
amende (f)   fine (penalty)
amender   amend (v)
amortissement (m)   amortization
amortissement (matériel)   depreciation
amortissement accéléré   accelerated depreciation
amortissement accumulé   accumulated depreciation
amortissement couru   accrued depreciation
**amortissement proportionnel à l'ordre numérique in-
versé des années**   sum-of-the-years digits
amplifier   maximize
analyse (f)   analysis
analyse coût/profit   cost-benefit analysis
analyse d'un emploi   job analysis
analyse de la trajectoire   critical path analysis
analyse de la valeur   value engineering
analyse de marché   market report
analyse de régression   regression analysis
analyse des besoins   needs analysis
analyse de la concurrence   competitor analysis
analyse des entrées et sorties   input-output analysis
analyse des investissements   investment analysis
analyse des produits   product analysis
analyse des systèmes   systems analysis
analyse de ventes   sales analysis
analyse du point d'équilibre   break-even analysis
analyse du risque   risk analysis
analyse en profondeur   depth analysis
analyse factorielle   factor analysis
analyse financière   financial analysis
analyse fonctionnelle   functional analysis

analyste (m/f)   analyst
ancienneté (f)   seniority
angle (m) **d'incidence**   angle of incidence
année (f)   year
année budgétaire   fiscal year
annexer (joindre)   attach (v)
annuel   annual
annuité (f)   annuity
annuité variable   variable annuity
annuités différées   deferred annuities
annuler (chèque)   cancel, void (v)
annuler (contrat)   nullify (v)
antidater   backdate (v)
appareil (m) **de contrôle**   monitor
appartenance (m) **syndicale**   union label
appel (m) **de marge**   margin call
appel d'offre   request for bid, invitation to bid
appréciation (f) **des risques**   risk assessment
apprenti (m)   apprentice
approbation (f)   approval
approuver   approve (v)
approvisionnement (m) **insuffisant**   short supply
apurer la perte   absorb (v) the loss
arbitrage (m)   arbitration
arbitrage des taux d'intérêt   interest arbitrage
arbitrage industriel   industrial arbitration
arbitre (m)   arbitrator
argent (m)   money
argent au jour le jour   call money
argent comptant   ready cash
armements (mpl)   armaments
arrhes (fpl)   deposit, down payment, import duty
arriéré (m)   arrears
arrimage (m)   stowage
art de l'étalage   window dressing
article (m)   item
article-appât   loss leader

articles (mpl) **de taille exceptionnelle**   outsized articles

articles stratégiques   strategic articles

assemblée (f)   meeting, assembly

assemblée d'actionnaires   shareholders' meeting

assemblée générale   general meeting

assembler   assemble (v)

assermenté   sworn

assiette (f) **de l'impôt**   tax base

assigner   assign

association (f) **commerciale**   trade association

association (de personnes)   partnership

associé (m)   partner

associé en second   junior partner

assujetti à l'impôt   liable for tax

assurance (f)   insurance

assurance à terme   term insurance

assurance collective   group insurance

assurance contre les accidents corporels   casualty insurance

assurance de crédit   credit insurance

assurance de groupe   group insurance

assurance de l'homme-clé   key-man insurance

assurance de titres de propriété   title insurance

assurance du travail   industrial insurance

assurance en responsabilité civile   liability insurance

assurance maritime   marine cargo insurance

assurance contre le détournement de fonds   fidelity bond

assurance contre les mauvaises créances   credit insurance

assuré (m)   policyholder, insured

assurer l'entretien   service (v)

assureur (m)   underwriter

assureur maritime   marine underwriter

atelier (m)   workshop

atteindre le seuil de rentabilité   break even

attestation (f)   attestation

attestation par écrit affidavit
attribuer (répartir) allot (v)
attribution (f) allotment
au cours du marché at the market
au jour le jour daily
au mieux at best
au moins at or better
au moment de l'émission when issued
au pair at par
au porteur to the bearer
au verso on the back
au-dessous de la ligne below the line
au-dessous de la norme substandard
au-dessous du pair below par
au-dessus de la ligne above the line
au-dessus du pair above par
aubaine (f) windfall profits
augmentation (f) **de capital** capital increase
augmenter increase (v)
aussitôt que possible as soon as possible
autarcie (f) self-sufficiency
authenticité (f) authentification
auto-appréciation (f) self-appraisal
auto-contrôle (m) feedback
auto-gestion (f) self-management
autofinancement (m) **marginal** incremental cash flow
automatique automatic
automatisation (f) automation
autonome autonomous
autonome (non connecté) off-line
autorisation (f) **d'exportation d'œuvres d'art** cultural export permit
autoriser authorize (v)
autre actif (et passif) (m) other assets (and liabilities)
aval (m) **et enregistrement** backing and filling
avancement (m) promotion
avancer advance (v)
avant-projet (m) **de prospectus** preliminary prospectus

avantage (m) **concurrentiel**   competitive advantage
avantages (mpl) **hors salaire**   fringe benefits
avarie (f)   average
avec avarie particulière   with average
avenant (m)   rider (contracts)
avis (m) **d'attribution (de répartition)**   allotment letter
avis de livraison   delivery notice
avocat (m)   lawyer
avoir (m)   credit, credit note

B

bail (m)   lease
bailleur (m)   lessor
bailleur de fonds   silent partner
baisse (f)   downturn
baisse des prix imposée   rollback
baissier (m)   bear
balance (f) **commerciale**   balance of trade
balance commerciale visible   visible balance of trade
balance compensatoire   compensating balance
balance de vérification   trial balance
balance des paiements   balance of payments
balance déficitaire   adverse balance
bande (f) **de téléscripteur**   ticker tape
bande magnétique   magnetic tape
banque (f)   bank
banque à banque, de   interbank
banque chef de file   leader bank
banque commerciale   commercial bank
banque correspondante à l'étranger   correspondent bank
banque d'émission   central bank
banque d'escompte (d'effets étrangers)   acceptance house
banque d'état   government bank
banque d'import-export   export-import bank
banque de crédit   credit bank
banque de détail   retail bank
banque de données   data bank

banque hypothécaire   mortgage bank
banque informatique   computer bank
banque d'investissements   merchant bank, investment bank
Banque Mondiale   World Bank
banque nationale   national bank
banqueroute (f)   bankruptcy
baraterie (f)   barratry
barème, tarif (m)   price list
barrière (f) **commerciale**   trade barrier
barrières (fpl) **tarifaires**   tariff barriers
base (f) **de données**   data base
base monétaire   monetary base
bateau-citerne (m)   tanker
baud (m)   unit of data transmission speed
bénéfice (m)   profit
bénéfice brut   gross profit
bénéfice du marchand de titres   jobber's turn
bénéfice net   net profit
bénéfice net avant impôts   operating profit
bénéfice par action   earnings per share
bénéfices (mpl)   earnings
bénéfices non distribués   retained profits, retained earnings
bénéficiaire (m/f)   beneficiary, payee
besoins (mpl)   requirements
bien immobilier (m)   estate
biens (mpl) **d'équipement**   capital goods
biens de consommation   consumer goods
biens de production   capital goods
biens durables   durable goods
biens immobiliers   real assets
biens intermédiaires   intermediary goods
biens manufacturés   industrial goods
biens meubles   personal property
biens mobiliers   chattel
biens périssables   nondurable goods
bilan (m)   balance sheet
bilan consolidé   consolidated financial statement

bilan d'entrée opening balance
bilan de contrôle auditing balance sheet
bilan hebdomadaire weekly return
billet (m) **à ordre** promissory note
billet de banque bank note
billet de complaisance accommodation paper
bit (m) bit
blocage (m) lock in (rate of interest)
blocage de fonds blockage of funds
blocage de prix pegging
blocage des salaires wage freeze
bon (m) **au porteur** bearer bond
bon d'épargne savings bond
bon de cautionnement guaranty bond
bon de commande order form, purchase order
bon marché cheap
bonne affaire (f) bargain
bons du trésor (échéance entre un et dix ans) treasury
  notes
bons du trésor (échéance à plus de dix ans) treasury
  bonds, treasury bills
bordereau (m) **de débit** debit note
bordereau d'expédition waybill, shipping memo
bourrage (m) stuffing
bourse (f) stock exchange
bourse des denrées commodity exchange
bourse des valeurs stock exchange
boycottage (m) boycott
brainstorming (m) brainstorming
branche (f) **d'affaires** line of business
brevet (m) patent
brevet en attente d'homologation patent pending
briseur (m) **de grève** strikebreaker
budget (m) budget
budget commercial marketing budget
budget d'exploitation operating budget
budget d'investissement investment budget, capital
  budget
budget de publicité advertising budget

budget de trésorerie cash budget
budget des ventes sales budget
budget provisoire interim budget
bulletin (m) **de souscription** application form
bureau (m) office
bureau d'études engineering and design department
bureau de placement employment agency
bureaucrate (m) bureaucrat

C

câble (m) cable
cadre (m) **adjoint** staff assistant
cadres (mpl) **moyens** middle management
cadres supérieurs top management
caisse (f) **d'amortissements** sinking fund
caisse d'emballage packing case
caisse d'épargne savings bank
caisse de retraite pension fund
caisse, position de cash basis
calcul (m) **du prix moyen en dollars** dollar cost averaging
calculatrice ( ) calculator
calendrier (m) **des échéances** installment plan
calibre (m) jig
cambiste (m) broker
camion-citerne (m) tanker
camionnage (m) drayage
campagne (f) **de productivité** productivity campaign
campagne de publicité advertising campaign, advertising drive
canalisation (f) pipage
canaux (mpl) **de distribution** channels of distribution
capacité (f) capacity
capacité balles bale capacity
capacité contributive ability to pay concept
capacité d'exploitation utilization capacity
capacité de fabrication manufacturing capacity

capacité de production   plant capacity
capacité de traitement   throughput
capital (m)   capital, principal, assets
capital à risque   risk capital
capital actions   capital stock
capital d'achat   spending capital
capital de réserve   surplus capital
capital de roulement   working capital
capital en accroissement   raising capital
capital fixe   fixed capital, fixed assets
capital investi   invested capital
capital légal   legal capital
capital ordinaire   ordinary capital
capital productif   instrumental capital
capital propre   stockholder's capital
capital spéculatif   venture capital
capital variable   floating assets
capital versé   paid-up capital
capitalisation (f)   capitalization
capitalisme (m)   capitalism
capitaux (mpl) **différés**   deferred assets
capitaux élevés, à   capital intensive
capitaux fébriles   hot money
capitaux fixes   fixed assets
capitaux flottants, faire appel à   go around (v)
capitaux frais   new money
capitaux propres   shareholder's equity
capitaux publics, faire appel à des   go public (v)
cargaison (f)   cargo
cargaison ordinaire   dry cargo
carnet (m) **de compte**   passbook
carte (f)   business card
carte de crédit   credit card
carte perforée   punch card
cartel (m)   cartel
cas (m) **de force majeure**   act of God
cassette (f)   cassette
catalogue (m)   catalog

catégories (fpl) **d'exclusion réciproque**   mutually exclusive classes

cautionnement (m)   letter of indemnity

cautionnement global   blanket bond

cautions (fpl) **de soutien**   backup bonds

cédant (m)   assignor

céder   assign (v)

centralisation (f)   centralization

centre (m) **commercial**   shopping center

centre financier   money shop

centre informatique   computer center

céréales (fpl)   grain

certificat (m)   certificate

certificat d'authenticité d'une antiquité   antique authenticity certificate

certificat d'entrepôt   warranty

certificat d'incorporation   certificate of incorporation

certificat d'utilisation finale   end use certificate

certificat de débarquement   landing certificate

certificat de dépôt   certificate of deposit

certificat hypothécaire   mortgage certificate

cessionnaire (m)   assignee

césurer   hyphenate (v)

chaîne (f) **de montage**   assembly line

chalandage (m)   barge transportation

chambre (f) **de commerce**   chamber of commerce

chambre de compensation   clearinghouse

change (m)   foreign exchange

changement (m)   alteration

changements (mpl) **imminents**   impending changes

charge (f)   carrying charge

charge de travail   work load

charge maximum   peak load

chargement (m)   carload

chargement complet   truckload

chargement en balles   bale cargo

chargement incomplet   less-than-carload, less-than-truckload, short shipment

chargement lourd   heavy lift charges

chargement partiel   part cargo
charges (fpl) courues   accrued expenses
charges exclues   charge-off
charges fixes   fixed charges
charges salariales   payload
charges tarifaires   tariff charge
charte (f)   charter
charte-partie (f), **agent de**   charter party agent
chasseur (m) **de têtes**   head hunter
chef (m) **comptable**   chief accountant
chef d'atelier   supervisor
chef de produit   brand manager
chef de publicité   advertising manager
chef de secteur   line executive, area manager
chef syndicaliste   labor leader
chemin (m) **critique, analyse du**   critical path analysis
chèque (m)   check
chèque annulé   cancelled check, voided check
chèque bancaire   bank check
chèque de caisse   cashier's check
chèque de voyage   traveler's check
chèque enregistré   registered check
chèque omnibus   counter check
chèque périmé   stale check
chèque visé   certified check
chèques (mpl) **non encaissés**   float
chevaucher (v)   overlap
chiffre (m) **d'affaires**   sales volume
chiffre d'affaires brut   gross sales
chiffre d'affaires net   net sales
chiffres réels   actuals
chômage (m)   unemployment
circulaire (f) **d'information**   proxy statement
classe (f) **ouvrière**   working class
classement (m) **des obligations**   bond rating
classification (f) **des marchés**   market rating
classification tarifaire   tariff classification
clause (f) **d'abandon**   waiver clause

clause d'escalation   escalator clause

clause d'échelle mobile   escalator clause

clause de change   currency clause

clause de la nation la plus favorisée   most-favored nation clause

clause de remboursement anticipé   call feature

clause dérogatoire   escape clause

clause Jason   Jason clause

clause or   gold clause

clause pénale   penalty clause

clauses (fpl) **de vente**   terms of sale

clef (f) **en main**   turnkey

client (m)   customer

clientèle (f)   goodwill

clignotant (m) **économique**   lagging indicator

coassurance (f)   coinsurance

Code (m) **du travail**   labor code

code postal   zip code

codicille (m)   codicil

coefficient (m)   ratio, factor

coefficient d'imputation des frais généraux   burden rate

coefficient de capitalisation des résultats   price earnings ratio (p/e ratio)

coefficient de charge   load factor

coefficient de couverture   cover ratio

coefficient de liquidité   liquidity ratio

coefficient de remplissage   load factor

coffre (m) **de nuit**   night depository

collègue (m/f)   colleague

colloque (m)   meeting, colloquium

combinaison (f)   combination

comité (m) **consultatif**   advisory council

comité d'entreprise   work committee, work council

comité de direction   executive committee

commande (f)   order

commande complémentaire   follow-up order

commande de disque   disk drive

commande alternative   alternative order

commande de renouvellement repeat order
commande en souffrance back order
commande, passer une place an order (v)
commande urgente rush order
commandes (fpl) **en attente** backlog
commanditaire (m) silent partner
commerce (m) commerce, trade
commerce après-bourse after-hours trading
commerce croisé reciprocal trading
commerce de compensation compensation trade
commerce de détail retail trade
commerce de gros wholesale trade
commerce extérieur foreign trade
commerce entre les états d'un même pays, commerce intérieur des États-Unis interstate commerce
commerce multilatéral multilateral trade
commercer trade (v)
commercialisable negotiable
commercialisation marketing
commercialiser market (v)
commissaire aux comptes (m) auditor, comptroller
commission (f) commission
commission (pourcentage) load (sales charge)
commission commerciale trade commission
commission d'adresse address commission
commission d'agence agency fee
commission de courtier head load
commission de gestion management fee
commission de montage front-end fee
commissionnaire (m) **de transport** forwarding agent
commissionnaire-exportateur (m) export agent
communications (fpl) **de masse** mass communications
communiquer interface (v)
compagnie (f) **d'assurance** insurance company
compagnie de forage en mer offshore company
compagnie fiduciaire trust company
compartiment (m) **de coffre-fort** safe deposit box
compensation (f) compensation

compétence (f)   job performance
compétences (fpl)   qualifications
complément (m)   topping up
composant (m)   component
compression (f) **des coûts**   cost reduction
compression des prix de revient   cost-price squeeze
comptabilité (f)   bookkeeping
comptabilité analytique   cost analysis
comptabilité de gestion   management accounting
comptabilité du prix de revient   cost accounting
comptabilité d'épuisement   depletion accounting
comptabilité en partie double   double-entry bookkeeping
comptable (m)   accountant
compte (m)   account
compte actif   active account
compte bloqué   escrow account
compte clos   closed account
compte collectif   joint account
compte courant   current account, checking account
compte d'épargne   savings account
compte d'exploitation   income statement
compte d'un client (dans un magasin)   charge account
compte de capital   capital account
compte de capital à court terme   short-term capital
  account
compte de capital à long terme   long-term capital account
compte de dépôt à vue   deposit account
compte de garantie confié à un tiers   escrow account
compte de revenus   income account
compte des pertes et profits   profit and loss account
compte douteux   delinquent account
compte du grand livre   ledger account
compte en banque   bank account, checking account
compte géré en vertu d'un contrat de gestion   discretionary account
compte inactif   closed account
compte joint   joint account

compte marginal   marginal account
compte ouvert   open account
compte-rendu des bénéfices   earnings report
compte spécifié   itemized account
comptes (mpl) **annuels**   annual accounts
comptes garantis   secured accounts
comptes groupés   group accounts
comptes non recouvrables   uncollectible accounts
concentration (f) **du marché**   market concentration
conception (f) **de systèmes**   systems design
conception du produit   product design
concession (f) **de terrain**   land grant, dealership
concessionnaire agréé (m)   authorized dealer
concurrence (f)   competition
concurrent (m)   competitor
concurrentiel, avantage (m)   competitive advantage
concurrentiel, léger avantage   competitive edge
concurrentielle, stratégie (f)   competitive strategie
concurrents, analyse des   competitor analysis
conditionnement (m)   packaging
conditions de crédit (fpl)   credit terms
confidentiel   confidential
confirmation (f) **de commande**   confirmation of order
confisquer (v)   impound
conflit (m) **d'intérêts**   conflict of interest
conflit ouvrier   labor dispute
conflit salarial   wage dispute
conformément à notre attente   up to our expectations
congé (m)   leave of absence
congé de maternité   maternity leave
congé maladie   sick leave
congés payés   paid holiday
congloméré (m)   conglomerate
connaissement (m)   bill of lading
connaissement avec réserves   foul bill of lading
connaissement direct   through bill of lading
connaissement intérieur   inland bill of lading
conseil (m) **d'administration**   board of directors

conseil de direction executive board
conseil de surveillance board of supervisors
conseiller (informer) advise (v)
conseiller (m) en gestion management consultant
conseiller en investissement investment adviser
consentir un découvert grant an overdraft (v)
consolidation (f) consolidation
consolidation du capital reverse stock split
consolidation interne internal funding
consommateur (m) consumer
consommateur de main-d'œuvre labor intensive
consortium (m) consortium, syndicate
constituer une société incorporate (v)
consultant (m) consultant
conteneur (m) container
contestation (f) dispute
contingents (mpl) quota
contingents à l'exportation export quota
contingents à l'importation import quota
contingents de vente sales quota
contracter take out (v)
contrainte (f) duress
contrat (m) contract, treaty
contrat à long terme long hedge
contrat à prix coûtant majoré cost-plus contract
contrat à remplir outstanding contract
contrat à terme forward contract
contrat d'apprentissage indenture
contrat d'entretien service contract
contrat de maintenance maintenance còntract
contrat de sous-traitance subcontract
contrat de travail working contract
contrat de vente à l'exportation export sales contract
contrat de vente sous condition conditional sales contract
contrat fiduciaire deed of trust
contrat global package deal
contrat maritime maritime contract

contrat syndical   union contract
contrat, mois de   contract month
contre-partie (f)   consideration (business law)
contre-remboursement (m)   cash on delivery (C.O.D.)
contre tous risques   against all risks
contrecoup (m)   backwash effect
contrefaçon (f)   forgery, counterfeit
contremaître (m)   foreman
contrôle (m) **d'épuisement**   depletion control
contrôle d'exploitation   operations management
contrôle de fabrication   manufacturing control
contrôle de la production   production control
contrôle de qualité   quality control
contrôle des changes   exchange control
contrôle des crédits   credit control
contrôle des prix de revient   cost control
contrôle des stocks   inventory control
contrôle financier   financial control
contrôle interne   internal audit
contrôle numérique   numerical control
contrôles (mpl) **de gestion**   operations audit
convention (f)   covenant (promises)
convention collective   collective bargaining, agreement
conversion (f) **de devises**   currency conversion
convoquer   call (v)
coopérative (f)   cooperative (n)
coopérative de placement   investment trust
copropriétaire (m)   joint owner
copropriété (f)   joint estate, co-ownership
corbeille (f) **(à la bourse)**   trading floor (stock exchange)
corporation (f) **marchande**   merchant guild
corpus (m)   corpus
correspondance (f)   correspondence
corruption (f)   graft
cotation (f)   quotation
cotation (bourse)   listing

cotation directe direct quotation
cotation officieuse (hors marché) over-the-counter quotation
coton (m) cotton
coupleur (m) **acoustique** acoustic coupler
coupon (m) coupon
coupon zéro zero coupon
courbe (f) **d'accoutumance** learning curve
courbe de la cloche frequency curve
courbe en forme de cloche bell-shaped curve
courbes (fpl) bends
courir accrue (v)
courrier (m) **direct** direct mail
courrier recommandé registered mail
cours (m) market value, price
cours d'ouverture opening price
cours de clôture closing price
cours de l'or gold price
cours des devises currency exchange rate
cours moyen average price
courtier (m) broker
courtier d'assurance insurance broker
courtier d'escompte bill broker
courtier de change dealer
courtier en bourse stock broker
courtier en douane customs broker
courtier en logiciel software broker
coût (m) cost
coût d'opportunité opportunity costs
coût de facturation invoice cost
coût de la vie cost of living
coût de production production costs
coût de remplacement replacement cost
coût des marchandises vendues cost of goods sold
coût direct direct cost
coût du capital cost of capital
coût du travail direct labor (accounting)
coût et fret cost and freight

coût initial original cost

coût moyen average cost

coût réel actual cost

coûter cost (v)

coûts (mpl) **fixes** fixed costs

coûts, évaluation des cost analysis

coûts, répartition des allocation of costs

coûts standard standard costs

couverture (f) coverage (insurance)

couverture à terme forward cover

couvrir, se hedge (v)

créance (f) **irrécouvrable** dead rent

créance mauvaise bad debt

créance à recouvrir outstanding debt

créancier (m) creditor

crédit (m) credit

crédit à taux privilégié soft loan

crédit à taux révisable rollover

crédit à la consommation consumer credit

crédit à l'exportation export credit

crédit-bail equipment leasing

crédit commercial trade credit

crédit d'investissement investment credit

crédit de complaisance accommodation credit

crédit par acceptation acceptance credit

crédit par acceptation renouvelable revolving credit

crédit pour impôt acquitté à l'étranger foreign tax credit

crédits (mpl) **monétaires** monetary credits

crédit tournant revolving credit

créditer credit (v)

crise (f) depression

critères (mpl) **d'investissement** investment criteria

croissance (f) growth

croissance d'une entreprise corporate growth

cumul (m) **d'emplois** moonlighting

cumulatif cumulative

curateur (m) trustee

curriculum vitae (m)   résumé

cycle (m) **de production**   work cycle

cycle de vie   life cycle

cycle du travail   work cycle

cycle économique   business cycle

D

dans l'ensemble de l'industrie   industrywide

dans le rouge   in the red

date (f) **antérieure**   back date

date d'échéance   expiry date

date d'inscription   record date

date de livraison   date of delivery

date de remboursement   maturity date

date de tirage   drawdown date

date de transaction   trade date

date limite   deadline

débattre   dispute (v)

débaucher   fire (v)

débit (m)   debit

débouché (m)   market access, outlet

débouché marginal   fringe market

débours (m)   disbursement, layout, out-of-pocket expenses

débrayage (m)   walkout

décharger   discharge (v), unload (v)

déchet (m)   outturn

déchets (mpl)   spoilage

décision (f) **d'achat ou de fabrication**   make-or-buy decision

déclaration (f) **d'exportation**   export entry

déclaration d'importation   import entry, import declaration, entry permit

déclaration d'investissement   investment letter

déclaration d'intention d'achat   blanket order

déclaration en douane   customs entry

déclaration provisoire   bill of sight

déclenchement (m) **d'un processus d'ajustement**   adjustment trigger

décoller take off (v)

découvert (m) overdraft

déductible deductible

déduction (f) write-off, deduction

déduction fiscale tax deduction

défaut (m) failure, default

défavorable unfavorable

défectueux defective

déficit (m) deficit

définition (f) **d'un poste** job description

déflation (f) deflation

dégrèvement (m) tax relief

délai (m) delay

délai (m) **d'amortissement** payback period

délai d'encaissement collection period

délai d'approvisionnement lead time

délai de grâce grace period

délai de livraison lead time

délai de paiement payout period

délai de planche lay time

délai fixe fixed term

délaissement (m) abandonment (assurance maritime)

délit d'abstention nonfeasance

déloyal unfair

demande (f) demand

demande globale aggregate demand

demande ou offre d'emploi (petites annonces) want ad

démarche (f) **commerciale** marketing concept

démarquage (m) markdown

demi-vie (f) half life

démographique demographic

denrée (f) commodity

denrées (fpl) **alimentaires** foodstuffs

dépanner (v) debug

dépanneur troubleshooter

départ (m) **entrepôt** ex warehouse

départ fabrique ex mill
départ mine ex mine
départ usine ex factory, FOB plant
dépense (f) expenditure
dépenses (fpl) **contrôlables** controllable costs
dépenses courantes running expenses
dépenses de déchargement landing costs
dépenses d'expédition shipping expenses
dépenses d'intérêt interest expenses
dépenses différées deferred charges
dépenses directes direct expenses
dépenses fixes fixed expenses
dépenses indirectes indirect expenses
dépenses semi-variables semivariable costs
dépenses supérieures aux recettes deficit spending
dépenses variables moving expenses
déport (m) backwardation
dépossession (f) divestment
dépôt (m) depository
dépôt à terme time deposit
dépôt à vue demand deposit
dépôt bancaire bank deposit
dépôt de brevet patent application
dépôt de garantie deposit
dépôts (mpl) **à l'importation** import deposits
dépréciation (f) depreciation
dépréciation de la monnaie depreciation of currency
dérive (f) **des salaires** wage drift
dernier entré (m) **– premier sorti** (m) last in – first out
désarmer (un navire) lay up (v)
désaccord (m) misunderstanding
désarrimage (m) broken stowage
déshérance (f) escheat
désintéressement (m) buyout
destinataire (m) consignee
destiné à l'exportation for export
désuétude (f) obsolescence
détailler itemize (v)

détaxe (f)   remission of a tax
détenteur (m)   holder (negotiable instruments)
détenu par le propriétaire   proprietary
détournement (m) **de fonds**   embezzlement
dette (f)   debt
dette à court terme   current liabilities, short-tem debt
dette à long terme   long-term debt
dette active   active debt
dette consolidée   funded debt
dette extérieure   foreign debt
dette fixe   fixed liability
dette flottante   floating debt
dette garantie   secured liability
dette publique   national debt
dette réelle   actual liability
dette sans garantie   unsecured liability
dettes (fpl) **actives**   accounts receivable
dettes différées   deferred liabilities
dettes passives   accounts payable
dettes privilégiées   preferential debts
deuxième position (f)   second position
dévalorisation (f) **du travail**   dilution of labor
dévaluation (f)   devaluation
devis (m)   estimate
devis approximatif   rough estimate
devise (f)   currency
devise bloquée   blocked currency
devise de référence   base currency
devise étrangère   foreign currency
devise faible   soft currency
devise forte   hard currency
diffamation (f)   libel
différentiel (m) **des prix**   price differential
dilution (f) **du capital**   delution of equity
directeur (m)   manager
directeur adjoint   deputy manager
directeur d'une entreprise   chief executive
directeur d'une usine   plant manager

directeur de l'exportation   export manager

directeur des achats   purchasing manager

directeur des services comptables   controller

directeur exécutif   chief executive officer (C.E.O.)

directeur financier   chief financial officer (C.F.O.)

directeur général   general manager, chief executive, president

directeur opérationnel   chief operating officer (C.O.O.)

direction (f) **administrative**   office management

direction d'investigation   audit trail

direction des ventes   sales management

direction du personnel   personnel management, staff organization

direction par objectifs   management by objectives

directions (fpl) **imbriquées**   interlocking directorate

directives (fpl)   guidelines

dirigeant (m)   executive

discriminations (fpl) **à l'embauche**   restrictive labor practices

disponibilités (fpl)   liquid assets

disque (m)   disk

disquette (f) **souple**   floppy disk

distributeur (m)   distributor

distribution (f) **de masse**   mass marketing

divers   miscellaneous

diversification (f)   diversification

dividende (m)   dividend

dividende attaché   cum dividend

dividende en espèces   cash dividend

dividende passé   passed dividend

division (f) **du travail**   division of labor

dock (m)   dock (ship's receipt)

document (m) **(acte)**   document

document en clair   hard copy

document net   clean document

document original   script

document sans réserve   clean document

domaine (m) **public**   public domain

dommage (m) tort
dommages (mpl) damage
dommages fortuits accidental damage
données (fpl) data
donner des instructions instruct
dossier (m) file
dotation (f) endowment
douane (f) customs
double étiquetage (m) double pricing
double imposition (f) double taxation
double jeu (m) double dealing
double option (f) put and call
double paie (f) double time
droit (m) **ad valorem** duty ad valorem
droit antidumping anti-dumping duty
droit (m) **commercial** mercantile law
droit compensateur countervailing duty
droit de régie excise duty, excise tax
droit de nantissement mechanic's lien
droit de passage right of way
droit de préemption preemptive right
droit de recours right of recourse
droit de l'accise excise license
droit de remise remission of duty
droit de succession inheritance tax
droit de vote voting right
droit spécifique specific duty
droits (mpl) acquired rights, vested rights, duty
droits combinés combination duty
droits d'auteur copyright
droits d'exportation export duty
droits d'importation import duty
droits de bassin wharfage charges
droits de dock dock handling charges
droits de douane customs duty
droits de douane à l'importation import tariff
droits de mouillage anchorage (dues)
droits de pilotage pilotage

droits de succession estate tax
droits exclusifs sole rights
droits portuaires harbor dues
dumping (m) dumping
duopole (m) duopoly
durée (f) **d'un brevet** life of a patent
durée d'une patente life of a patent
durée de vie life cycle
durée de vie d'un produit product life
durée de vie moyenne average life
durée utile useful life
dynamique (f) **de groupe** group dynamics
dynamique des produits product dynamics
dynamique du marché market dynamics

E

eaux (fpl) **territoriales** territorial waters
écart (m) variance
écart de prix price differential
écart de tarif tariff differential
écart des cours spread
écart des cours brut gross spread
écart des salaires wage differential
écart net du cours net change
écart tarifaire tariff differential
écart type standard deviation
échange (m) trade-off
échange bancaire bank exchange
échange de brevets cross licensing
échanger exchange
échantillon (m) **aléatoire** random sample
échantillonnage (m) **divers** mixed sampling
échantillonnage pour acceptation acceptance sampling
échantillonner sample (v)
échantillons (mpl) **provenant d'un même univers** matched samples
échéance (f) maturity

échéance originelle original maturity
échelle (f) **des salaires** wage scale
échelle mobile sliding scale
échouer fail (v)
économétrie (f) econometrics
économie (f) economics
économie d'échelle economy of scale
économie de main-d'œuvre labor-saving
économie dirigée managed economy
économique economic
écriture (f) **au grand livre** ledger entry
écriture au passif debit entry
écriture de clôture closing entry
effet (m) bill
effet à recevoir receivable note
effet à terme time bill (of exchange)
effet avalisé backed note
effet de commerce draft
effet de levier leverage
efficacité (f) efficiency
effondrement (m) go down, slump
égaliser level out
égalité (f) **des salaires** equal pay for equal work
élasticité (f) elasticity
élasticité des prix price elasticity
éléments (mpl) **d'actif courus et non échus** accrued assets
éléments d'actif productifs active assets
emballé sous film rétractable shrink-wrapped
embargo (m) embargo
embaucher hire (v)
émettre issue (v), float (v) (issue stock)
émission (f) issue (stock)
émission de premier rang senior issue
émission d'obligations bond issue
émission fiduciaire fiduciary issue
émoluments (mpl) salary
emploi (m) job

emploi du temps   timetable, work schedule
employé (m)   employee
employé de bureau   white collar worker
emprunt (m)   loan
emprunter   borrow (v)
emprunts (mpl) **nets**   net borrowed reserves
en compte   on account
en dépôt   on consignment
en consignation   on consignment
en franchise   duty free
en ligne   on line
en réponse à   in reply to
en retard   overdue
en souffrance   past due
en transit   in transit
encaissement (m)   cash entry
enchérir sur   improve upon (v)
endossataire (m)   endorsee
endossement (m)   endorsement
endossement de complaisance   accommodation endorsement
engagement (m)   commitment, pledge, encumbrance (liens, liabilities, commitments)
enquêteur (m)   troubleshooter, investigator
enregistrement (m) **initial**   original entry
ensemble des salaires (m)   payroll
entente (f)   understanding (agreement)
entièrement payé   paid in full
entrée (f)   input
entrée d'ordinateur   computer input
entrée du grand livre   ledger entry
entrée passive   debit entry
entreposage (m)   storage
entreposage surveillé   field warehousing
entrepôt (m)   warehouse
entrepôt autorisé   licensed warehouse
entrepôt régulier   regular warehouse
entreprendre   undertake (v)

entrepreneur (m)   entrepreneur

entreprise (f)   enterprise

entreprise commune   joint venture

entreprise d'exportation   export house

entreprise de pointe   high technology firm, leading firm

entreprise individuelle   sole proprietorship

entreprise non syndicalisée   open shop

entretien (m)   maintenance

entretien préventif   preventive maintenance

entrevue (f)   interview

environ   around

envoi (m) **contre remboursement**   cash on delivery

épargne (f)   savings

équipe (f)   shift (labor)

équipe de gestion   management team

équipe des vendeurs   sales force

équipement (m)   equipment

équipement de traitement de texte   word processor

érosion (f)   attrition

ergonomie (f)   ergonomics

erreur (f)   error

erreur de calcul   miscalculation

erreur de traitement   processing error

escompte (m)   discount

escompte d'usage   trade discount

escompte de caisse   cash discount

espèces (fpl)   cash, liquidity

esquisse (f)   rough draft

essai (m)   assay, test

essor (m) **économique**   boom

estimation (f)   estimate, appraisal

estimation au jugé   guesstimate

estimation de prix   estimated price

estimation des immobilisations   capital expenditure appraisal

estimation des ventes   sales estimate

estimation linéaire   lineal estimation

estimer assess (v), estimate (v)

établir un prix price (v)

établissement (m) de la prime premium pricing

établissement d'une liste listing

étalon (m) yardstick

état (m) statement

état des pertes et profits profit-and-loss statement

état financier financial statement

état-major staff

état pro forma pro forma statement

être à court be short of (v)

être compétitif meet the price (v)

étude (f) de conception design engineering

étude de la rentabilité des investissements investment analysis

étude de la valeur value engineering

étude de marché market research

étude de motivation motivation study

étude de rentabilité profitability analysis

étude des besoins des consommateurs consumer research

étude des débouchés market survey

étude des méthodes systems analysis

étude des ventes sales analysis

étude du produit product analysis

étude du rapport coûts/profits cost-benefit analysis

étude du risque risk analysis

Euro-obligation (f) Eurobond

Eurodevise (f) Eurocurrency

Eurodollar (m) Eurodollar

évaluation (f) evaluation, appraisal, assessment, valuation, appreciation

évaluation de l'impact d'une publicité copy testing

évaluation de la solvabilité credit rating

évaluation de poste job evaluation

évaluation des besoins needs analysis

évaluation des coûts cost analysis

évaluation des facteurs factor rating

évaluation des investissements investment appraisal

évaluation du marché market appraisal, market rating

évaluation financière financial appraisal

ex-dividende (m) ex dividend

ex-droits (mpl) ex rights

excédent (m) overage

excédents (mpl) surplus goods

excès (mpl) **de pouvoir** ultra vires acts

exclusivité d'opérations de change dealership

exécuteur (m) **testamentaire** executor

exemplaire (m) copy (text)

exemption (f) exemption

exemption personnelle personal exemption

exercice (m) financial year, fiscal year

exercice comptable accounting period

exercice financier financial period, financial year

exercice fiscal fiscal year

exiger demand (v)

exonération (f) **fiscale** tax allowance

expansion (f) **de l'entreprise** corporate growth

expéditeur (m) shipper

expédition (f) consignment, shipment, dispatch

expédition, bordereau d' shipping memo

expédition directe drop shipment

expédition ferroviaire rail shipment

expéditions (fpl) **illégales** illegal shipments

expert-comptable certified public accountant, chartered accountant (Brit.)

expert (m) **en gestion** management consultant

exploitant (m) operator

exportateur tiers third-party exporter

exportation (f) **clef** key exports

exportation de capitaux capital exports

exporter export (v)

expropriation (f) expropriation

extrait (m) **de titre de propriété** abstract of title

F

fabrication (f) **en série**   mass production
fabricant (m)   manufacturer
FACOB (traité facultatif obligatoire)   open cover
facteur (m)   factor
facteur coût   cost factor
facteur profit   profit factor
facteur rentabilité   profit factor
factotum (m)   man (gal) Friday
facture (f)   invoice, bill
facture commerciale   commercial invoice
facture pro forma   pro forma invoice
facturation (f) **périodique**   cycle billing
facultatif   optional
faillite (f)   bankruptcy
faire la grève   strike (v)
faire la queue   stand in line (v)
faire un rabais   take off (v)
faire une offre   put in a bid
fardage (m)   dunnage
fatigue (f) **due au décalage horaire**   jet lag
fautif   negligent
faux frais (mpl)   incidental expenses
faux frais divers   contingencies
faux fret (m)   dead freight
faveur (f) **du public**   consumer acceptance
favorable à l'utilisateur   user friendly
fête (f) **légale**   legal holiday
feuille (f) **de renseignements**   fact sheet
fibres (fpl) **synthétiques**   manmade fibers
fidéicommis (m)   trust
fiduciaire   fiduciary
fiducie (f) **active**   active trust
fiducie révocable   revocable trust
filiale (f)   subsidiary, member firm
filtrage (m)   screening
fin (f) **d'année**   year-end
fin d'exercice   end of period

fin de série broken lot

financement (m) **à court terme** short-term financing

financement de départ front-end financing

financement par le déficit deficit financing

financement spéculatif leveraged lease

financer finance (v)

firme (f) firm

fixation (f) **du prix** price fixing

fixation du prix marginal marginal pricing

fixé avec des lattes batten fitted

flotte (f) **privée** private fleet

flottement (m) **dirigé** managed float

fluctuations (fpl) **du personnel** labor turnover

fondé de pouvoir (m) attorney in fact, proxy

fonds (m) fund

fonds (mpl) **bloqués** frozen assets

fonds (m) **consultatif** advisory funds

fonds d'amortissement redemption fund, sinking fund

fonds d'assurance insurance fund

fonds d'exploitation working funds

fonds de dépôt trust fund

fonds de prévoyance contingent fund

fonds de roulement working funds, working capital, revolving fund

fonds de roulement nets net working capital

fonds hautement spéculatif go-go fund

fonds mutuel trust fund

fonds publics (mpl) public funds

fonds (m) **tournant** revolving fund

forfait (m) package deal

format (m) format

formation (f) **dans l'entreprise** on-the-job training

formation de groupe group training

formulaire (m) application form

fourchette (f) **des prix** price range

fournisseur (m) supplier, vendor

fournisseur à la commande job shop

fourniture (f) **excédentaire** oversupply

fractionnement (m) **des actions**   stock split

frais (mpl)   cost, charges, expenses

frais (mpl) **communs**   joint costs

frais contrôlés   managed costs

frais d'administration   administrative expenses

frais d'arrimage   stowage charges

frais d'établissement   start-up cost

frais d'expédition   shipping expenses, shipping charges

frais d'exploitation   operating expenses

frais d'installation   set-up costs

frais de banque   bank charges

frais de couverture   cover charges

frais de débarquement   landing charges

frais de déménagement   moving expenses

frais de distribution   distribution costs

frais de publicité   advertising expenses

frais de quayage   wharfage charges

frais de remplacement   replacement costs

frais de représentation   expense account

frais de reproduction   reproduction costs

frais de sauvetage   salvage charges

frais directs   direct costs

frais évitables   avoidable costs

frais fixes   standing costs, fixed costs

frais fonciers   landed costs

frais généraux   overhead charges

frais généraux d'usine   factory overhead

frais indirects   indirect costs

frais mixtes   mixed costs

frais normaux   standard costs

frais payés d'avance (bilan)   prepaid expenses (balance sheet)

frais permanents   standing charges

frais proportionnels   direct expenses

frais reportés   switching charges

frais variables   floating charge, variable costs

franc-bord   free board

franc d'avaries particulières free of particular average

franchise (f) franchise

franchise, en duty free

franco à bord free on board

franco long du bord (F.L.B.) free alongside ship

franco quai free alongside ship

franco wagon free on rail

fraude (f) fraud

fraude fiscale tax evasion

frein (m) disincentive

fret (m) freight

fret à la cueillette berth terms

fret aérien air freight

fret de retour back haul

fret en tous genres freight of all kinds

fret inclus freight included

fret transporté sur palettes palletized freight

fuite (f) leakage

fuseau (m) **horaire** time zone

fusion (f) merger, amalgamation

G

gage (m) pledge

gage de garantie confié à un tiers escrow

gages (mpl) salary

gains (mpl) earnings

gains au pourcentage percentage earnings

gains horaires hourly earnings

gains non distribués retained earnings

gamme (f) **de produits** product line

gamme des prix price range

garantie (f) guarantee, warranty, warrant, security

garantie de bonne exécution performance bond

garanties (fpl) **approuvées** approved securities

général overhead

génie (m) **civil** civil engineering

gérant (m) **de fonds à court terme** money manager

gérer manage (v)

gestion (f) administration, management

gestion commerciale market management

gestion d'entreprise business management

gestion de crédits credit management

gestion de lignes line management

gestion de produit product management

gestion de trésorerie cash management

gestion de portefeuille portfolio management

gestion des stocks stock control, inventory control

gestion des systèmes systems management

gestion financière financial management

gestion raisonnable reasonable care

gestionnaire (m) **de compte** account executive

gouvernement (m) government

grand livre (m) ledger

grand magasin (m) department store

graphique (m) graph

graphique circulaire "camembert" pie chart

graphique de flux flow chart

graphique des activités activity chart

graphique en tuyaux d'orgue bar chart

gratification (f) gratuity, bonus

grève (f) **générale** general strike

grève patronale lockout

grève wildcat strike

grille (f) **des salaires** wage differential

grossiste (m) wholesaler

grossiste-étalagiste rack jobber

groupe de gestion management group

groupe (m) **de magasins à succursales multiples** chain store group

groupe de produits product group

groupe de travail task force

groupeur (m) forwarding agent

guelte (f) commission

guerre des prix (f) price war

guerre (f) **tarifaire** tariff war

guichetier (m) teller

H

handicap (m)   handicap
hausse (f) **des prix**   increased cost
haussier   bull
haut de gamme   upmarket
hauteur de nos demandes, à la   up to our expectations
heure (f) **normale**   standard time
heure prévue d'arrivée   estimated time of arrival
heure prévue de départ   estimated time of departure
heures (fpl) **de main-d'œuvre**   man-hours
heures supplémentaires   overtime
homme (m) **de peine**   journeyman
honoraires (mpl) **de participation**   participation fee
horaire (m)   timetable
horaire de travail   work hours
hors-bourse   off-board (stock market)
hors cote   unlisted
hypothèque (f)   mortgage
hypothèque à taux variable   variable rate mortgage
**hypothèque consentie au vendeur d'un immeuble par
    l'acheteur en garantie du montant du prêt non
    liquidé**   purchase money mortgage
hypothèque de deuxième rang   second mortgage
hypothèque sur les biens mobiles   chattel mortgage

I

illégal   illegal
image (f) **de marque d'une société**   corporate image
imitation (f)   imitation
immobilisations (fpl)   capital expenditure, fixed assets
impasse (f)   deadlock
implantation (f) **d'une usine**   plant location
implication (f)   implication
importateur inscrit   importer of record
importation (f)   import
imposition (f)   taxation
imposition d'office   assessment
imposition multiple   multiple taxation
impôt (m)   tax

impôt différé   deferred tax
impôt foncier   land tax
impôt indirect   indirect tax
impôt régressif   regressive tax
impôt sur le chiffre d'affaires   sales tax
impôt sur le revenu   income tax
impôt sur le revenu des personnes physiques   personal income tax
impôt sur les entreprises   corporation tax
impôt sur les salaires   payroll tax
impôt sur les ventes au détail   retail sales tax
impôt variable à l'importation   variable import levy
impôts (mpl) courus   accrued taxes
impôts locaux   local taxes
impression (f) offset   offset printing
imprimé (m)   form letter
imprimés (mpl)   printed matter
imputé   imputed
inadéquat   inadequate
incidence (f) sur les bénéfices   profit impact
incidence sur le profit   impact profit
incorporer   incorporate (v)
indemnité (f)   indemnity, compensation
indemnité de chômage   unemployment compensation
indemnité de dépréciation   depreciation allowance
indemnité de direction   executive compensation
indemnité de lest   ballast bonus
indemnité de licenciement   severance pay
indemnité pour frais professionnels   expense account
indépendant   freelance, self-employed
indexation (f)   indexing, pegging
indicateur (m) de marché   leading indicator
indicateurs (mpl) économiques   economic indicators
indice (m)   index (indicator)
indice composite   composite index
indice de croissance   growth index
indice de prix   price index

indice des actions stock index

indice des prix à la consommation consumer price index

indice du marché market index

industrie (f) industry

industrie à prix libres free market industry

industrie de croissance growth industry

industrie lourde heavy industry

industrie mécanique mechanical engineering

industrie naissante infant industry

industriel (m) manufacturer

inefficace inefficient

inélasticité (f) **de l'offre ou de la demande** inelastic demand or supply

inexploité undeveloped

inflation (f) inflation

inflationniste inflationary

influencer impact on (v)

informer (conseiller) advise (v)

infrastructure (f) infrastructure

ingéniérie (f) engineering

ingéniérie industrielle industrial engineering

injonction (f) injunction

injuste unfair

innovation (f) innovation

inscription (f) **comptable d'ajustement** adjusting entry

inscrire post (v) (bookkeeping)

insolvable insolvent

inspecteur (m) inspector

inspecteur de banque bank examiner

inspection (f) inspection

instabilité (f) instability

institution (f) **de crédit** credit bureau

instructions (fpl) **d'expédition** shipping instructions

instrument (m) instrument

instruments (mpl) tools

insuccès (m) failure

intégration (f) **verticale**   vertical integration
intérêt (m)   interest
intérêt acquis   vested interest
intérêt composé   compound interest
intérêt couru   accrued interest
intérêt couru supplémentaire   plus accrued interest
intérêt incomplet   inchoate interest
intérim (m)   interim
intermédiaire (m)   middleman, intermediary, third-party exporter
intermédiaire d'exportation   export middleman
intermédiaire (souvent ducroire)   factor
interne   internal
intervenir   intervene (v)
intervention (f) **personnelle**   jawbone
intestat   intestate
introduire graduellement   phase in (v)
invalider   invalidate (v)
inventaire (m)   inventory
inventaire comptable   book inventory
inventaire des marchandises   physical inventory
inventaire périodique   periodic inventory
inventaire perpétuel   perpetual inventory
inventaire physique   physical inventory
inventaire tournant   perpetual inventory
investigation (f)   action research
investir   invest (v)
investissement (m)   investment
investissement brut   gross investment
investissement budgétaire   budget investment
investissement direct   direct investment
investissement net   net investment
investissement privé   private placement
investissement réel   real investment
investissements (mpl) **en capital**   investments equity
investisseur (m) **institutionnel**   institutional investor
invisibles (importations, exportations)   invisibles
irréalisable   unfeasible

J

joindre   attach (v), enclose
jour (m) **au lendemain, du**   overnight
jour de grève   strike day
jour de liquidation   account day
jour férié   (bank) holiday
jour ouvrable   work day
journal (m)   journal
journal agricole   agricultural paper
jours (mpl) **de planche**   laydays
jugement (m)   adjudication
juridiction (f)   jurisdiction
jurisprudence (f)   the law

L

laisser faire   laissez-faire
lancement (m) **de nouveaux produits**   new product development
language (m) **algorithmique**   algorithmic language
langage informatique   computer language
larcin   pilferage
le long du bord   alongside
légalisation (f) **(signature)**   attestation
législation du travail   labor law
legs (m)   legacy, bequest
lettre (f)   letter
lettre d'avis   advice note
lettre d'introduction   letter of introduction
lettre de change sur l'étranger   foreign bill of exchange
lettre de couverture   cover letter, binder
lettre de crédit   letter of credit
lettre de garantie   letter of guarantee
lettre de crédit renouvelable   revolving letter of credit
lettre de voiture   inland bill of lading, way bill
lever des taxes   levy taxes (v)
levier (m)   gearing, lever
levier de commande   control lever, joystick

liaison (f)   liaison

libérer (acquitter)   pay up (v)

libre-échange (m)   free trade

libre échange réciproque   fair trade

libre service (m)   self-service

licence (f) **d'exportation**   export permit

licence d'importation   import licence

licenciement (m)   layoff

lieu d'exportation convenu   named point of exportation

lieu d'origine désigné   named point of origin

lieu de destination convenu   named point of destination

lieu de travail   workplace

ligne (f) **de direction**   executive line

ligne d'échantillons   sample line

ligne de crédit   credit line

ligne de crédit à vue   demand line of credit

ligne de production   production line

ligne de produits   product line

ligne internationale de changement de date   International Date Line

limite (f)   border

limite de négociation   trading limit

linéaire   linear

liquidation (f)   liquidation

liquidation solde de tout compte   full settlement

liquidité (f)   liquidity

liste (f)   listing

liste d'adresses   mailing list

liste d'exemptions   free list (commodities without duty)

liste de contrôle   checklist

liste imprimée   printout

liste légale   legal list

litige (m)   litigation

livraison (f)   delivery

livraison à terme   forward shipment

livraison, de bonne   good delivery (securities)

livraison immédiate spot delivery

livraison incomplète short delivery

livraisons (fpl) **différées** deferred deliveries

livre (m) **de caisse** cashbook

livret (m) **de banque** passbook

locataire (m/f) **à bail** lessee

locaux (mpl) premises

logiciel (m) software

logistique (f) logistics

logo (m) logo

loi (f) law

loi des rendements décroissants law of diminishing returns

loi sur les brevets patent law

lois (mpl) **antitrust** antitrust laws

lot (m) lot

lot irrégulier odd lot

louer lease (v), rent (v)

loyer (m) rent

M

machine de traitement de texte autonome stand-alone text processor

machines machinery

macroéconomie (f) macroeconomics

magasin (m) store

magasin à succursales multiples chain store

magasin de détail retail outlet

main-d'œuvre (f) manpower, workforce, labor

main-d'œuvre non qualifiée unskilled labor

maïs (m) maize

maison (f) **de commerce** trade house, trade firm

maison mère parent company, headquarters, head office

majoration (f) increase

maladie (f) **des caissons** bends

malentendu (m) misunderstanding

mandat (m) mandate

mandat bancaire bank money order

mandat-poste   money order
mandataire (m)   trustee, agent
manifeste (m)   manifest
manquer à ses engagements   default (v)
manuscrit   script
manutentionnaire (m)   warehouseman, handler
maquette (f)   mock-up
marasme (m)   slump
marchand (m)   merchant, dealer
marchand de titres   jobber
marchandise (f)   merchandise
marchandises (fpl)   goods
marchandises accompagnées   accompanied goods
marchandises de détail   retail merchandises
marchandises de luxe   luxury goods
marchandises de qualité   quality goods
marchandises durables   durable goods
marchandises fongibles   fungible goods
marchandises non accompagnées   unaccompanied
  goods
marchandises prohibées   prohibited goods
marchandises sèches (tissus [mpl], étoffes [fpl])   dry
  goods
marchandises rendues au port d'importation   ex dock
marchandises sous douane   bonded goods
marchandises telles quelles   as-is goods
marchandises vendues à terme   futures
marché (m)   market, market place, bargain (stock exchange)
marché acheteur   buyer's market
marché à deux niveaux   two-tiered market
marché à la baisse   bear market
marché à terme   forward market
marché au comptant   spot market
marché, au cours du   at the market
marché commun   common market
marché de gros   wholesale market
marché de l'emploi   labor market
marché des actions   stock market

marché des capitaux   capital market
marché difficile   tight market
marché du disponible   spot market
marché haussier   bull market
marché instable   volatile market
marché intérieur   home market
marché inversé   inverted market
marché libre   open market
marché marginal   fringe market
marché monétaire   money market
marché monopsone   monopsony
marché noir   black market
marché parallèle   gray market
marché primaire   primary market
marché réduit   thin market
marché secondaire   secondary market
marge (f) **à terme**   forward margin
marge bénéficiaire   profit margin
marge brute   gross margin
marge brute actualisée   discounted cash flow
marge brute d'autofinancement (M.B.A)   cash flow
marge brute négative   negative cash flow
marge brute nette   net cash flow
marge brute positive   positive cash flow
marge d'entretien   maintenance margin
marge de fluctuation entre monnaies   currency band
marge de prêt   lending margin
marge de sécurité   margin of safety
marge nette   net margin
marge brute, relevé de la   cash flow statement
marge variable   variable margin
marges (fpl) **requises**   margin requirements
marque (f)   brand
marque, acceptation de la   brand acceptance
marque de distributeur   private label (or brand)
marque de fabrique   trademark
marque déposée   registered trademark
marque, fidélité à la   brand loyalty

marque, identification de la brand recognition
marque, image de brand image
masse (f) **monétaire** money supply
matériaux (mpl) materials
matériel (m) **de traitement informatique** hardware
matériel roulant rolling stock
matières premières (fpl) raw materials
mécanisme (m) machinery
média (m) mass media
médias publicitaires advertising media
médiane (f) median
médiation (f) mediation
médiateur (m) troubleshooter
membre (m) **à vie** life member
membre d'un syndicat de garantie underwriter
mémoire (f) **à accès direct** direct access storage
mémoire d'ordinateur computer memory, computer
  storage
mémoire magnétique magnetic memory
mémoire par série serial storage
mémoire vive random access memory
mémorandum (m) memorandum
meneur (m) leader
mensonger misleading
mercantile mercantile
mesurer measure (v)
mesures (fpl) **de relance de l'économie** pump priming
métaux (mpl) metals
méthode (f) method
méthode comptable accounting method
méthode de forfait avec rectifications périodiques
  pay as you go
méthode de Monte Carlo Monte Carlo technique
méthode des matrices matrix management
méthode du report variable accrual method
métier (m) occupation
mettre à disposition make available
mettre au point debug (v)

mettre en commun　pool (v)
microfiche (f)　microfiche
micro-ordinateur (m)　microcomputer
micro-plaquette (f)　microchip
micro-processeur (m)　microprocessor
mini-ordinateur (m)　minicomputer
mise (f) **au point d'un produit**　product development
mise de fonds　outlay
mise en comun　pool (of funds)
mise en commun d'intérêts　pooling of interest
mise en forme　make-ready
mobilité (f) **de l'emploi**　mobility of labor
mode (m)　mode
modèle (m)　model, pattern
modem (m)　modem
modification (f)　alteration
moins-value (f)　drawdown
moins-value en capital　capital loss
monde (m) **des affaires**　marketplace
monnaie (f)　mint
monnaie légale　legal tender
monopole (m)　monopoly
monopole légal　legal monopoly
montant (m)　amount
montant dû　amount due
montant forfaitaire　lump sum
moral (m)　morale
morale (f)　morale
moratoire (m)　moratorium
mot (m)　byte
motion (f)　motion
moyen (m) **d'échange**　medium of exchange
moyen de fortune　makeshift
moyen terme (m)　medium term
moyenne (f)　average, mean
moyenne arithmétique　arithmetic mean
moyenne, établissement d'une　averaging
moyenne mobile　moving average

moyenne pondérée weighted average
moyens (mpl) facilities
multidevises (fpl) multicurrency
multiples (mpl) multiples
multiplet (m) byte
multiplicateur (m) multiplier
muté transferred
mutuelle (f) **d'épargne** mutual savings bank

N

nantissement (m) collateral
nationalisme (m) nationalism
navire (m) **porte-allège** lash
négligent negligent
négoce (m) merchandising
négociable negotiable
négociant (m) trader
négociation (f) negotiation
négociation paritaire de convention collective collective bargaining
négociations (fpl) **tarifaires générales** across-the-board tariff negotiations
négocier negotiate (v)
net net
niveau d'investissement investment grade
niveau (m) **de qualité acceptable** acceptable quality level
niveau de vie standard of living
niveau des salaires wage level
nœud (m) knot (nautical)
nombre (m) **d'exemptions par individu** ˋpersonal deduction
nomination (f) appointment
non-comptabilisé off-the-books
non connecté offline
non coté unlisted
non membre (m) nonmember
non mentionné par ailleurs not otherwise indexed by name

non-résident (m)   nonresident
normalisation (f)   standardization
norme (f)   norm
notaire (m)   notary
notation (f) **binaire**   binary notation
note (f)   bill
note de colisage   packing list
note de crédit   credit note
note de débit   debit note
nouvelle émission (f)   new issue
novation (f)   novation
nul   void
nul et non avenu   null and void
numérique   differential
numéro (m) **de commande**   order number
numéro de compte   account number
numéro de référence   reference number

O

objectif (m)   goal
obligation (f)   obligation, bond
obligation à faible rendement   low-yield bond
obligation à intérêt conditionnel   revenue bond
obligation à rendement fixe   flat bond
obligation à terme   term bond
obligation amortissable   redeemable bond
obligation conjointe   joint liability
obligation d'état   government bond
obligation hypothécaire   mortgage bond, mortgage debenture
obligation municipale   municipal bond
obligations (fpl) **à intérêt conditionnel**   income bonds
obligations convertibles   convertible debentures
obligations échéant en série   serial bonds
obligations non garanties   debentures
offre (f)   tender
offre globale   aggregate demand
offre publique   public offering

offre publique d'achat (OPA)   takeover bid
offre secondaire   secondary offering
offre supplémentaire   premium offering
offre et demande   supply and demand
offrir   offer (v)
oligopole (m)   oligopoly
oligopsonie (f)   oligopsony
omettre   omit (v)
opérateur (m) **en bourse**   trader
opération (f) **annexe**   ancillary operation
opération au comptant   spot delivery
opération combinée: une vente, deux achats   strapping
opération mixte (option d'achat plus option à la vente)   straddle
opération simultanée à terme   forward
opérations (fpl) **sur le marché libre**   open market operations
option (f)   option
option à terme   future option
option d'achat   buyer's option
option de souscription   stock option
option de vente   put option
option en bourse   stock option
option indice   index option
ordinateur (m)   computer
ordinateur analogique   analog computer
ordinateur hybride   hybrid computer
ordinateur numérique   digital computer
ordre (m) **à appréciation**   discretionary order
ordre à terme   time order
ordre avec limites   limited order (stock market)
ordre d'achat   purchase order
ordre de fabrication   work order, production order
ordre du jour   order of the day, agenda
ordre journalier   day order
ordre permanent   standing order
ordre révocable   open order
organigramme (m)   organization chart

organisateur (m) **conseil**   management consultant
organisation (f)   organization
organisation des systèmes   systems engineering
organisation industrielle   industrial engineering
organisation mixte (état-major et responsables sur le terrain)   staff and line
organisation scientifique du travail   time and motion
orientation (f) **professionnelle**   employee counseling
outils (mpl)   tools
outils de travail   working tools
ouverture (f), **à l'**   at the opening

P

paiement (m)   payment
paiement à la livraison   cash on delivery (C.O.D.)
paiement avant livraison   cash before delivery
paiement bloqué   stop-payment
paiement comptant des marchandises emportées   cash and carry
paiement d'avance   cash in advance
paiement en bloc   balloon note
paiement en espèces   cash payment
paiement en souffrance   suspended payment
paiement partiel   partial payment
paiement refusé   payment refused
paiement supplémentaire   additional payment
paiements (mpl) **anticipés**   advance payments
pair (m)   par
palette (f)   pallet
panneau (m) **d'affichage**   billboard
paperasserie (f)   red tape
papier (m)   paper
papier à deux noms   two-name paper
papier direct   direct paper
papier gommé   paper tape
paquet-poste (m)   parcel post
par action (m)   per share
par casier (m)   written bid (stock exchange)

par express aérien   air express
par habitant   per capita
par jour   per diem
paradis (m) **fiscal**   tax shelter, tax haven
parité (f)   parity
parité à crémaillère   crawling peg
parité de complaisance   accommodation parity
parité des taux d'intérêt   interest parity
parité fixe, mais ajustable   adjustable peg
parité mobile   sliding parity, moving parity
part (f)   allotment, share
part du marché (f)   market share
participation (f) **aux bénéfices**   profit sharing
participation majoritaire   majority interest, controlling interest
participation minoritaire   minority interest
partie (f) **remise**   rain check
parts (fpl)   parts
parts nominales   authorized shares
passer commande   place an order (v)
passible de   liable to
passif (m)   liability
passif éventuel   contingent liability
passif pris en charge   assumed liability
pause-café   coffee break
payable à la commande   payable to order
payable à la livraison   collect on delivery
payable au porteur   payable to bearer
payable sur demande   payable on demand
payer   pay (v)
payer d'avance   prepay (v)
payer sous la table   pay off (v)
payeur (m)   payer
pays (m) **à risque**   country of risk
pays d'origine   country of origin
pays (mpl) **en voie de développement**   underdeveloped nations
P.D.G. (m) **(Président-Directeur Général)**   Chairman of the Board

pénétration (f) **du marché** market penetration

pénurie (f) shortage

percepteur (m) tax collector

perforatrice (f) **à clavier** keypunch

période d'intérêt interest period

période (f) **de détention** holding period

période de fermeture pour travaux downtime

période de pointe prime time

périphériques (mpl) peripherals

permettre allow (v)

permis (m) permit, license

permis de travail working papers

personne (f) **en charge de comptes déterminés (responsable du budget)** account executive

personne morale legal entity

personnel (m) staff

perspective (f) outlook

perte (f) loss

perte brute gross loss

perte d'avarie commune general average loss

perte d'avarie particulière particular average loss

perte de conversion exchange discount

perte nette net loss

perte sur le change exchange loss

perte totale réelle actual total loss

petite annonce (f) classified ad

petite entreprise (f) small business

petits profits (mpl) perks

pétrochimique petrochemical

pétrodollars (mpl) petrodollars

phase (f) **descendante** downswing

pièce (f) **justificative** voucher

pièce justificative de perte proof of loss

pièces (fpl) parts, documents, papers

pièces de rechange replacement parts

piquet (m) picket line

placement (m) **à revenu fixe** fixed investment

plafond (m) ceiling

plan (m) **d'action**   action plan
plan commercial   marketing plan
plancher (m) **(à la Bourse)**   floor (of exchange)
planification (f)   project planning
planification à long terme   long-range planning
planification budgétaire   financial planning
planification d'entreprise   corporate planning
planification de la production   production control
planification industrielle   industrial planning
plaquette (f)   chip
pléthore (f)   glut
pli (m) **cacheté contenant une offre**   sealed bid
plus offrant (m)   highest bidder
plus-value (f)   appreciation, unearned increment
plus-value des titres   stock profit
plus-value en capital   capital gain
P.N.B. (m) **(Produit National Brut)**   G.N.P. (Gross National Product)
poids (m)   weight
poids brut   gross weight
point (m)   point
point d'équilibre   break-even point
point de procédure   point of order
point de référence   basis point ($\frac{1}{100}$%)
point de sensibilité   break-even analysis
point de vente   point of sale, retail outlet
pointage (m) **des prix**   price tick
points (mpl) **de livraison**   delivery points
police (f) **d'assurance**   insurance policy
police d'assurance-vie   life insurance policy
police flottante   floater
police flotte   fleet policy
politique (f) **de distribution**   distribution policy
politique d'investissement   investment policy
politique de la porte ouverte   open door policy
politique de la société   company policy
politique de l'entreprise   business policy
politique monétaire   monetary policy

ponction (f) fiscale   fiscal drag

population (f) active   labor force

port d'expédition convenu   named port of shipment

port d'importation convenu   named port of importation

port (m) de débarquement convenu   named inland point in country of importation

port dû   freight collect

port franc   free port

port payé d'avance   freight prepaid

porte-à-faux (m)   overhang

porte-à-porte (m)   door-to-door (sales)

porte-documents   attaché case

portefeuille (m)   portfolio

portefeuille de titres   stock portfolio

porter en compte   post (bookkeeping)

porteur (m)   bearer

position (f)   allotment

position à la baisse   short position

position-limite   position limit

position nette   net position (of a trade)

position sur le marché   market position

postdater   postdate (v)

postdaté   postdated

poste (m)   post (bookkeeping), fixture (on balance sheet)

poste de travail   workstation

poste de travail autonome   stand-alone workstation

pot-de-vin (m)   kickback

potentiel (m) de croissance   growth potential

potentiel du marché   market potential

potentiel inutilisé   idle capacity

pour solde de tout compte   full settlement

pourboire (m)   tip

pouvoir (m)   capacity, power

pouvoir d'achat   purchasing power

pouvoir d'émettre des obligations   bond power

pouvoir de négociation   bargaining power

pouvoir pour le transfert et la vente d'actions stock-power

pratique pratical

pratique (f) **de l'escompte** discounting

préavis (m) advance notice

préfabrication (f) prefabrication

préférence (f) **pour la liquidité** liquidity preference

prélèvement (m) appropriation

prélèvement des frais d'achat sur les premiers versements front-end loading

premier entré – premier sorti first in – first out

prendre en location rent (v)

prendre note take down (v)

prescription (f) **légale** statute of limitations

présentation (f) **d'une vitrine** window dressing

président du conseil d'administration chairman of the board

presse (f) **en général** mass media

pression (f) **fiscale** tax burden

prêt (m) loan

prêt à amortissement différé balloon

prêt-à-porter (m) ready-to-wear

prêt à terme fixe term loan

prêt au jour le jour day loan

prêt bancaire bank loan

prêt conditionnel tied loan

prêt en participation participation loan

prêt fiduciaire fiduciary loan

prêt non garanti unsecured loan

prêt remboursable sur demande call loan

prêts (mpl) **à faible intérêt** low interest loans

prévision (f) forecast

prévision budgétaire budget forecast

prévision de marché market forecast

prévision de vente sales forecast, sales estimate

prévision des bénéfices profit projection

prévoir forecast (v)

prime (f) bonus, premium

prime à la hausse call option

prime d'assurance   insurance premium
prime de remboursement   redemption premium
prime de remboursement anticipé   acceleration premium
prime de sauvetage   salvage charges
prime pour l'acheteur   buyer's premium
principale donnée (f) **financière**   financial highlight
priorité (f)   priority
prise (f) **d'hypothèque mobilière**   hypothecation
prise de bénéfice   profit taking
privilège (m)   lien
privilège du constructeur   mechanic's lien
privilège du fournisseur   vendor's lien
prix (m)   price
prix à la livraison   delivery price
prix à l'unité   unit price
prix brut   gross price
prix CAF ajusté   adjusted CIF price
prix cible   target price
prix compétitif   competitive price
prix concurrentiel   competitive price
prix contrôlé   pegged price
prix courant   list price
prix d'achat   purchase price
prix d'émission   issue price
prix de base   base price
prix de détail   retail price
prix de gros   wholesale price
prix de l'abonnement   subscription price
prix de parité   parity price
prix de rachat   call price
prix de revient   prime cost
prix de revient complet   absorption costing
prix de revient marginal   incremental cost
prix de revient unitaire   unit cost
prix de souscription   subscription price
prix demandé   asking price
prix du marché   market price

prix fort top price
prix limite price limit
prix nominal nominal price
prix offert offered price
prix réel real price
prix rendu delivered price
prix unitaire moyen average unit cost
problème (m) problem
problème d'analyse analysis problem
procédé (m) **type** standard practice
procédure (f) **d'arbitrage** grievance procedure
procès (m) lawsuit
procès intenté en cas de fraude penalty-fraud action
processus (m) **d'ajustement** adjustment process
processus de production production process
procuration (f) power of attorney, proxy
production (f) production process, production
production en lots batch production
production globale aggregate supply
production modulaire modular production
productivité (f) productivity
productivité marginale marginal productivity
produit (m) product, merchandise
produit chimique chemical
produit de base commodity
produit de la vente proceeds
produits (mpl) **spéciaux** specialty goods
produit des ventes return on sales
produit fini end product
produit intérieur brut gross domestic product
produit national brut gross national product
produits (mpl) **agricoles** agricultural products
produits du pays native produce
produits figurant au tarif douanier tariff commodities
produits industriels industrial goods
produits laitiers dairy products
profession (f) profession
profil (m) **des acquisitions** acquisition profile

profit (m) **fictif**   paper profit
programmation (f) **linéaire**   linear programming
programmation multiple   multiprogramming
programme (m)   program, schedule
programme d'action   action plan
programme d'investissement   investment program
programme d'ordinateur   computer program
programme de commercialisation   marketing plan
programme de complaisance   accommodation platform
programme de production   production schedule
programmer   program (v)
projet (m)   plan, project, blueprint
projet commercial   business plan, marketing plan
projeter   project (v)
promotion (f)   promotion
prononcer un jugement   adjudge (v)
proposition (f) **de vente**   offer for sale
propriétaire (m)   owner, proprietor
propriétaire absent   absentee ownership
propriétaire foncier   landowner
propriété (f)   property, ownership
propriété culturelle   cultural property
propriété exclusive   proprietary
propriété foncière   estate
propriété immobilière   real estate
propriété publique   public property
prospectus (m)   prospectus
protection (f) **contre le risque de remboursement anticipé**   call protection
protectionnisme (m)   protectionism
protestation (f)   protest (banking, law)
protêt (m)   protest (banking, law)
provision (f) **pour impôts**   accrued taxes
publicité (f)   publicity, advertising
publicité collective   cooperative advertising
publicité conjointe   cooperative advertising
publicité de prestige   institutional advertising

Q

qualité (f), **avoir qualité de**   to have authority

qualité commerciale   commercial grade

qualité supérieure   top quality

quantité (f)   quantity

quantité économique d'approvisionnement   economic
  order quantity

quasi-monnaie (f)   near money

quitte et libre   free and clear

quorum (m)   quorum

quotidien   daily

quotité (f)   round lot

R

rabais (m)   price cutting

rachat (m)   takeover (stock takeover)

racheter   buy back (v)

ramassage (m) **et livraison** (f)   pick up and delivery

rapide   prompt

rappel (m)   callback

rappel d'impôts   back taxes

rapport (m)   report

rapport (rendement)   yield

rapport annuel   annual report

rapport financier   financial statement

rapport, par rapport à   with regard to

rapport parité/revenu   parity income ratio

ratio (m) **comptable**   accounting ratio

ratio de liquidité immédiate   acid-test ratio

ratio sinistres-primes   loss-loss ratio

rationaliser   streamline (v)

rationnement (m)   rationing

ratios (mpl) **de bilan**   balance ratios

rayon (m) **d'un grand magasin affermé en concession**
  leased department

réaction (f)   feedback

réassureur (m)   reinsurer

réagir réciproquement   interact (v)

recapitalisation (f) recapitalization
récession (f) downturn, récession
recette (f) **fiduciaire** trust receipt
recette fiscale internal revenue tax
receveur (m) **des douanes** collector of customs
recherche (f) research (n)
recherche de cadres executive search
recherche et développement research and development
recherche publicitaire advertising research
réclame (f) advertising
réclamation (f) claim
réclamation indirecte indirect claim
reconnaître (admettre) acknowledge (v)
recours (m) recourse, remedy (law)
recouvrement (m) recovery
rectifier amend (v)
reçu (m) receipt, voucher
recul (m) recession
récupérer salvage (v)
redevance (f) royalty, license fee
redressement (m) upturn
réduction (f) deduction
réduction (f) **comptable** writedown
réévaluation (f) revaluation
réexportation (f) re-export
référence, année de base year
référence (f) **de crédit** credit reference
refinancement (m) refinancing
réforme (f) **agraire** land reform
refus (m) **d'acceptation** dishonor (as a check)
refuser l'acceptation refuse acceptance (v)
refuser le paiement refuse payment (v)
règle (f) **du remboursement** call rule
règle sage prudent-man rule
règlement (m) settlement
règlement intégral payment in full
règlementation (f) regulation

règlementation à l'exportation export regulations

règlementation d'urbanisation zoning law

règlementations (fpl) à l'importation import regulations

règlementations phytosanitaire phytosanitary regulations

régler pay off (v)

réinvestissement (m) plow back (earnings)

relance (f) **(par l'augmentation de la masse monétaire)** reflation

relancer follow up (v)

relations (fpl) **avec les investisseurs** investor relations

relations professionnelles labor relations, employee relations

relations industrielles industrial relations

relations publiques public relations

relevé (m) **bancaire** bank statement

relevé d'exploitation operating statement

relevé de compte statement of account

relevé pro forma pro forma statement

relevé provisoire interest statement

reliquat (m) remainder, balance

remboursement (m) refund

remboursement anticipé advance refunding

remboursement des dépenses recovery of expenses

remboursement lors de l'exportation des droits de douane payés à l'importation drawback

remboursement obligatoire mandatory redemption

rembourser reimburse (v), repay (v)

remise (f) rebate

remise à l'unité unit load discount

remise de droits duty remission

remise pour quantité importante volume discount, quantity discount

remplacer supersede (v)

rémunération (f) remuneration, compensation

rémunération du capital return on capital

rendement (m) output, throughput, earnings yield

rendement à l'échéance yield to maturity

rendement brut   gross yield
rendement courant   current yield
rendement d'un dividende   dividend yield
rendement d'un investissement   return on investment
rendement des fonds propres   earning on assets
rendement des investissements   return on investment
rendement du capital   return on capital
rendement du capital propre   return on equity
rendement du revenu   income yield
rendement forfaitaire   flat yield
rendement marginal   marginal revenue
rendement moyen   fair return
rendement nominal   nominal yield
rendement réel   effective yield
rendement, à faible   low-income
rendez-vous (m)   appointment
renégocier   renegotiate (v)
renouveler   renew (v)
rénovation (f) **des zones urbaines**   urban renewal
rentabilité (f)   profitability, earnings performance
rentabilité, analyse de   break-even analysis
rentabilité d'un produit   product profitability
rentabilité des capitaux   return on equity
rentabilité du capital investi   return on assets managed
rentable   cost effective
rente (f)   rent, interest income
rentes (fpl)   unearned revenue
rentier (m) **(rentière)**   annuitant
réorganisation (f)   reorganization
répartition (f)   allotment
répartition des coûts   allocation of costs
répartition des responsabilités   allocation of responsibilities
répartition des ressources   resource allocation
repasser commande   reorder (v)
répertorier   index (v)
répondant (m)   sponsor (of fund, partnership)
répondre   reply (v)

report (m) carryover

report à nouveau carryforward

report sur exercice précédent carryback

reprendre possession repossess (v)

représentant (m) representative

représentant agréé registered representative

représentant exclusif exclusive representative

représentation (f) **mathématique** mathematical model

reprise (f) **(économique)** boom, upturn, rally

réputation (f) goodwill

réseau (m) **de distribution** distribution network, channel of distribution

réseau étendre à l'ensemble du network (m)

réserve (f) store, reserve

réserves (fpl) **d'or** gold reserves

réserves de base primary reserves

réserves de sécurité minimum reserves

résilier terminate (v)

résolution (f) resolution (legal documents)

résolution des problèmes problem solving

responsabilité (f) accountability, liability

responsabilité de l'acheteur buyer's responsibility

responsabilité individuelle personal liability

responsabilité limitée limited liability

ressources (fpl) **humaines** human resources

ressources naturelles natural resources

restriction (f) cutback

restrictions (fpl) **à l'exportation** restrictions on export

restructurer restructure (v)

résultats (mpl) **attendus** expected results

résumer resume (v)

retard (m) delay

retenue (f) **à la source (impôts)** withholding tax

retenue à la source, système de pay as you go

retombée (f) spin-off

retraite (f) retirement

rétribution (f) reward, salary

rétroactif retroactive
rétrogradation (f) demotion
réunion (f) meeting
réunion du conseil board meeting
réunion plénière plenary meeting
revendeur (m) **de logiciel** software broker
revente (f) resale, back selling
revenu (m) **(personnes)** income
revenu (de l'impôt, etc.) revenue
revenu brut gross income
revenu couru accrued income
revenu d'exploitation operating income
revenu différé differed income
revenu disponible disposable income
revenu libre d'impôt tax-free income
revenu net net income
revenu réel real income, actual income
revenu salarial ajusté adjusted earned income
richesse (f) wealth
risque (m) risk
risque consolidé aggregate risk
risque de change exchange risk
risque du métier occupational hazard
risque du transporteur carrier's risk
risque pur pure risk
rotation (f) **de l'actif** turnover asset
rotation des capitaux asset turnover
rotation des stocks inventory turnover, stock turnover, movement of goods
routine (f) routine

S

saisie (f) **des données** data acquisition
saisie-arrêt garnishment
saisir impound (v)
saisonnier seasonal
salaire (m) wage
salaire minimum minimum wage

salaire net   take-home pay
salaire réel   real wages
salarié (m)   wage earner
salle (f) **de conférence**   conference room
salle de conseil   board room
sans problème   no problem
sans valeur   worthless
sans valeur nominale   no par value
satisfaction (f) **des consommateurs**   consumer satisfaction
saturation (f) **du marché**   market saturation
sauvegarde (f)   safeguard
savoir-faire (m)   know-how
secrétaire (m/f)   secretary
secrétaire de direction   executive secretary
secteur (m) **de vente**   sales territory
secteur public   public sector
sécurité (f)   security
sécurité de l'emploi   job security
séparation (f)   separation
service (m)   department
service après-vente   after-sales service
service clients   customer service
service de comptabilité   accounting department
service de conseil   advisory service
service de documentation   advisory service
service de ferroutage   piggyback, service
service de livraison approuvé   approved delivery facility
service des ventes   sales management
service du courrier   courier service
service du logement   housing authority
service du personnel   personnel department
service mer-route   fishy-back service
service public   public utility
services (mpl) **d'intendance**   supply services
services financiers   financial services
serviette (f)   briefcase

seuil (m) **de rentabilité**   break-even point

siège (m) **opérationnel**   operations headquarters

siège social   headquarters, head office

sigle (m)   acronym

signature (f)   signature

signature autorisée   authorized signature

simuler   simulate (v)

situation (f) **de non-endettement**   debtlessness

S.M.I.C. (m)   Index-Linked Guaranteed Minimum Wage

sociétaire (m/f)   member of firm

société (f)   corporation, company

société à capitaux étrangers   foreign corporation

société anonyme par actions   public company, joint stock company

société affiliée   associate company

société commerciale en nom collectif   general partnership

société d'investissement   investment company

société d'investissement à capital variable (SICAV)   mutual fund

société de cautionnement   surety company, guaranty company

société de commerce   trading company

société de financement   finance company

société de gestion active   living trust

société de portefeuille   holding company

société en commandite   limited partnership

société étrangère   foreign corporation, alien corporation

société multinationale   multinational corporation

société nationale   domestic corporation

société quasi-publique   quasi-public company

solde (m) **créditeur**   credit balance

solde à l'entrée   opening balance

solde d'application d'une opération d'échange   applied proceeds swap

solde d'un compte   account balance

solde de caisse   cash balance

solde de roulement   working balance
solde en banque   bank balance
soldes (mpl)   job lot
solvabilité (f)   solvency
somme (f)   amount
somme due   amount due
sondage (m)   public opinion poll
sortie (f) **d'ordinateur**   computer output
soumission (f)   tender, sealed bid
source (f) **digne de confiance**   reliable source
sous-capitalisé   undercapitalized
sous directeur   assistant manager
sous-estimer   underestimate (v)
sous-évaluer   undervalue (v)
sous les réserves d'usage   as, if and when
sous-louer   sublet (v)
sous-payé   underpaid
sous-produit (m)   by-product
sous réserve de disponibilité   subject to availability
sous-traitant (m)   subcontractor
souscripteur (m) **d'assurance**   insurance underwriter
soussigné   undersigned
soustraitance, donner en   farm out (v)
soutien (m)   backing, support
soutien des prix   price support
spécialiste en certaines valeurs   specialist (stock exchange)
spécialité (f) **(d'une affaire)**   line of business
spécimen (m)   complimentary copy
spéculateur (m)   speculator
spirale (f) **des prix et des salaires**   wage-price spiral
spot publicitaire (m)   commercial ad
stagflation (f)   stagflation
stagiaire (m/f)   trainee
statistique (f)   statistics
statut (m)   statute
statuts (d'une société)   by-laws
stellage (m)   put and call

stimulant (m)   incentive

stimulant financier   financial incentive

stock (m)   stock

stock de roulement   turnover stock

stock des produits finis   finished goods inventory

stocks (mpl)   inventory

stocks et fournitures en magasin et fabrications en cours   stock-in-trade

stratégie (f) **de l'entreprise**   business strategy

stratégie de l'investissement   investment strategy

structure (f) **de l'entreprise**   corporate structure

structure des salaires   wage structure

structure du capital   capital structure

subalterne (en descendant la voie hiérarchique)   down the line

subvention (f)   subsidy

succursale (f)   branch office

suivant avis   as per advice

super-dividende (m)   extra dividend

superficie (f) **maximale de terrains dont la production ouvre droit à subvention**   acreage allotment

supprimer   omit (v)

supprimer peu à peu   phase out (v)

sur demande   at call, on demand

sur le tas   on-the-job training

sur-souscrit   oversubscribed

surcapitalisé   overcapitalized

surcharge (f)   surcharge, overcharge

surenchérir   outbid (v)

surestarie (f)   demurrage, layday

surévalué   overvalued

surpayé   overpaid

surplomb (m)   overhang

surplus de stock (m)   overstock

surplus (m) **en capital**   capital surplus

surplus versé   paid-in surplus

surtaxe (f)   surtax

survendu   overbought

susmentionné   abovementioned

suspendu (le règlement, la règlementation) deregulated

syndicat (m) syndicate

syndicat de crédit credit union

syndicat industriel industrial union

syndicat ouvrier trade union, labor union

système (m) **de direction intégré** integrated management system

système des contingents quota system

T

table (f) **des matières** table of contents

tableau (m) **de bord** management chart

tableau de gestion management chart

tableau électronique electronic whiteboard

tableau financier spreadsheet

tantième (m) percentage of profit

tarif (m) tariff

tarif préférentiel preferred tariff

tarif variable flexible tariff

taux (m) rate

taux ajusté adjusted rate

taux central central rate

taux consenti offered rate

taux d'acceptation accession rate

taux d'approvisionnement feed ratio

taux d'escompte discount rate

taux d'escompte bancaire préférentiel prime rate

taux d'intérêt interest rate

taux de base base rate

taux de base bancaire bank rate

taux de change exchange rate

taux de change fixe fixed rate of exchange

taux de change flottant floating exchange rate

taux de change multiple multiple exchange rate

taux de croissance growth rate

taux de l'argent au jour le jour call rate

taux de majoration rate of increase

taux de marge markup

taux de réescompte rediscount rate
taux de rendement rate of return
taux de rendement du capital capital-output ratio
taux de rentabilité rate of return
taux de rentabilité net after-tax real rate of return
taux du jour current ratio
taux en vigueur going rate
taux interne de rentabilité internal rate of return
taux mobile floating rate
taux uniforme flat rate
taux variable variable rate
taxation (f) taxation
taxe (f) tax, duty
taxe à l'achat sales tax
taxe à la consommation excise tax, use tax
taxe à la valeur ajoutée value-added tax
taxe à l'exportation export tax
taxe à l'importation import tax
taxe d'exportation export duty
taxe de luxe luxury tax
taxe sur le chiffre d'affaires sales tax
technique (f) **électrique** electrical engineering
technique pyramidale pyramiding
télécommunications (fpl) telecommunications
télétraitement (m) teleprocessing
témoin witness
temps (m) **chômé** work stoppage
temps de présence attended time
temps libre free time
temps mort downtime
temps normal standard time
temps partagé time sharing
temps réel real time
tendance (f) trend
tendance future wave of the future
tendances (fpl) **du marché** market trends, market forces
tenir au courant keep posted (v)
tenir compte de account for (v)

tension (f) **des dirigeants**   management stress

termaillage (m)   leads and lags

termes (mpl) **de l'échange**   terms of trade

termes linéaires   linear terms

terminal (m)   terminal

terminal d'ordinateur   computer terminal

terminer, se   terminate (v)

terre (f)   land

territoire (m)   territory

test psychologique   personality test

test en vue d'acceptation   acceptance test

testament (m)   will

théorie (f) **de portefeuille**   theory portfolio

théorie keynésienne   Keynesian economics

thésaurisés   hoard (v)

tiers porteur (m)   holder in due course

tirage à découvert   kiting

tiré (m) **d'un chèque**   drawee

tiré d'une traite   drawee

tireur (m)   maker (check, draft, etc.)

tireur d'un chèque   drawer

tireur d'une traite   drawer

tissus (mpl)   soft goods

titre (m)   title

titre de bourse   stock certificate

titre de priorité non cumulatif   noncumulative preferred stock

titre de second ordre   junior security

titre nominatif   registered security

titre privilégié de premier ordre   first preferred stock

titre sans frais de commission   no-load fund

titres (mpl)   securities, stock

titres en circulation   outstanding stock

titres négociables   negotiable securities

titres privilégiés de participation   participating preferred stock

titres réalisables   marketable securities

titres sans droit de vote   nonvoting stock

tôle (f) **à chaudières**   boilerplate

tolérance (f)   allowance

tonnage (m)   tonnage

tonne métrique   long ton

tous frais compris   all-in cost

traducteur (m)   translator

traite (f)   draft, bill of exchange

traite à vue   sight draft

traite bancaire   bank draft

traite de complaisance   accommodation bill

traite documents contre acceptation   acceptance bill

traite intérieure   domestic bill

traité (m)   treaty

traitement (m)   salary

traitement de données   data processing

traiter   process (v)

tranche (f)   portion, installment, slice, range

tranche de revenus   income bracket

transaction (f)   transaction, deal

transfert (m)   transfer

transfert télégraphique   wire transfer, cable transfer

transitaire (m)   forwarding agent

transmettre   assign (v)

transport (m) **aérien**   air shipments

transport ferroviaire   railway transportation

transporteur (m)   carrier

transporteur couvert par une caution   bonded carrier

transporteur public   common carrier

transporteur sous contrat   contract carrier

travail (m)   labor

travail à la pièce   piecework

travail au noir   moonlighting

travail indirect   indirect labor

travail sous contrat   work by contract

travailler   work (v)

travailleur (m)   laborer

travailleur à grande mobilité   job hopper

travailleurs (mpl) **manuels**   manual workers, blue-collar workers

travaux (mpl) **en cours**   work in progress

travaux publics public works
trésorier (m) treasurer
trésorier-payeur (m) paymaster
troc (m) barter
troisième guichet (m) third window
troquer barter (v)
trust (m) trust
tuyau (m) tip (inside information)

U

union (f) **douanière** customs union
unité (f) **centrale de traitement** mainframe computer
unité de traitement centrale central processing unit
urbanisation (f) **effrénée** urban sprawl
usages (mpl) **locaux** local customs
usinage (m) machining
usine (f) factory, plant
usure (f) **(d'une machine, etc.)** wear and tear
usure (érosion) attrition
usure (prêt avec intérêt) usury

V

valable valid
valeur (f) asset, value
valeur à neuf replacement cost
valeur à revenu fixe fixed income security
valeur actuelle nette net present value
valeur au pair par value
valeur comptable book value
valeur comptable par action book value per share
valeur d'échange exchange value
valeur de liquidation liquidation value, salvage value
valeur de premier ordre gilt (Brit. govt. security)
valeur de rachat cash surrender value
valeur douanière value for duty
valeur du chargement carrying value
valeur en capital asset value
valeur estimée assessed valuation
valeur intrinsèque intrinsic value

valeur marchande market value

valeur marchande moyenne fair market value

valeur nette net worth

valeur nette des placements en actions net equity assets

valeur nominale face value

valeur nominale nette (valeur réelle nette) net asset value

valeur réelle au comptant actual cash value

valeur résiduelle salvage value

valeur saine going concern value

valeurs (fpl) securities, stock

valeurs d'avenir growth stock

valeurs d'emprunt loan stock (govt. bonds)

valeurs de père de famille safe investment

valeurs de premier ordre blue chip stock

valeurs de priorité cumulatives cumulative preferred stock

valeurs de référence market-maker securities

valeurs étrangères foreign securities

valeurs incorporelles intangible assets

valeurs inscrites listed securities

valeurs intangibles intangible assets

valeurs matérielles tangible assets

valeurs mobilières stocks and bonds

valeurs non exigibles noncurrent assets

valeurs privilégiées preferred stock

valeurs réalisables à court terme accounts receivable

valeurs sûres safe investment

validation (f) probate

valider validate (v)

véhicule-plateau (m) flatcar

vendeur (m) vendor

vendre sell (v)

vendre directement sell direct (v)

vendre moins cher undercut (v)

vente (f) **à découvert** short sale

vente à tempérament installment credit

vente au détail retail

vente aux enchères   public auction
vente de choc   hard sell
vente directe   direct selling
vente négociée   negotiated sale
vente par des méthodes agressives   hard sell
vente par des méthodes de suggestion   soft sell
vente par correspondance   direct mail
vente publique   public sale
vente pyramidale   pyramid selling
ventes (fpl)   sales
ventes complémentaires   add-on sales
ventes d'écoulement   turnover sales
ventes potentielles   potential sales
ventes promotionnelles   sales promotion
vérification (f)   check
vérification annuelle   annual audit
vérification des stocks   stock control
vérifier   audit (v)
vêtements (mpl)   apparel
vice-président (m)   vice-president, deputy chairman
vide   void
vie (f) **économique**   economic life
vieillissement (m)   obsolescence
vieillissement calculé   planned obsolescence
virement (m) **par câble**   cable transfer
vitesse (f) **de circulation**   velocity of money
voie (f) **hiérarchique**   chain of command, official channels
volonté (f)   will
volume (m)   volume
volume des ventes   sales volume
volume réel du marché   actual market volume
V.P.C. (f) **(vente par correspondance)**   sale through mail order

Z

zone (f)   zone
zone franche   free zone
zones (fpl) **d'entrepôt**   bond areas

KEY WORDS FOR KEY INDUSTRIES

The dictionary that forms the centerpiece of *Talking Business in French* is a compendium of some 3000 words that you are likely to use or encounter as you do business abroad. It will greatly facilitate fact-finding about the business possibilities that interest you, and will help guide you through negotiations as well as reading documents. To supplement the dictionary, we have added a special feature—groupings of key terms about ten industries. As you explore any of these industries, you'll want to have *Talking Business* at your fingertips to help make sure you don't misunderstand or overlook an aspect that could have a material effect on the outcome of your business decision. The industries covered in the vocabulary lists are the following:

- *chemicals*
- *chinaware and tableware*
- *electronic equipment*
- *fashion*
- *iron and steel*
- *leather goods*
- *motor vehicles*
- *pharmaceuticals*
- *printing and publishing*
- *winemaking*

Chemicals — English to French

acetic acid l'acide acétique
acetone l'acétone
acid l'acide
amine l'amine
ammonia l'ammoniac
analysis l'analyse
analytic chemistry la chimie analytique
atom l'atome
atomic atomique
benzene le benzène
biochemistry la biochimie
biologist le biologiste
biology la biologie
buret la burette
carbon le carbone
catalyst le catalyseur
chemical chimique
chemistry la chimie
chloride le chlorure
chloroform le chloroforme
component le composant
composition la composition
compound le composé
concentration le titre (d'une solution)
cracking le cracking
crystallization la cristallisation
degree le degré
density la densité
distillation la distillation
dosage le dosage
electrolysis l'électrolyse
electron l'électron
element l'élément
engineer l'ingénieur
enzyme l'enzyme
ethane l'éthane
ether l'éther
evaporation l'évaporation
experiment l'expérience
experimental expérimental
formula la formule
gram le gramme
homogeneity l'homogénéité

hydrocarbon l'hydrocarbure
hydrochloric acid l'acide chloridrique
hydrolysis l'hydrolyse
hydrosulfate le sulfhydrate
impurity l'impureté
inorganic chemistry la chimie minérale
isotope l'isotope
laboratory le laboratoire
methane le méthane
molar molaire
mole la mole
molecule la molécule
natural gas le gaz naturel
neutral neutre
neutralization la neutralisation
neutron le neutron
nitric acid l'acide nitrique
organic chemistry la chimie organique
petroleum le pétrole
phosphate le phosphate
polymer le polymère
product le produit
proton le proton
purification la purification
reactant le réactif
reduction la réduction
refine (v) raffiner
refinery la raffinerie
research la recherche
salt le sel
saponification la saponification
solubility là solubilité
solute le soluté
solution la solution
solvent le solvant
spectrum le spectre
sulfuric acid l'acide sulfurique
test tube l'éprouvette
titration le titrage
yield le rendement

Chemicals — French to English

acétone (m) acetone
acide (m) acid
acide acétique acetic acid
acide chloridrique hydrochloric acid
acide nitrique nitric acid
acide sulfurique sulfuric acid
amine (f) amine
ammoniac (m) ammonia
analyse (f) analysis
atome (m) atom
atomique atomic
benzène (m) benzene
biochimie (f) biochemistry
biologie (f) biology
biologiste (m) biologist
burette (f) buret
carbone (m) carbon
catalyseur (m) catalyst
chimie (f) chemistry
chimie analytique analytic chemistry
chimie minérale inorganic chemistry
chimie organique organic chemistry
chimique chemical
chloroforme (m) chloroform
chlorure (m) chloride
composant (m) component
composé (m) compound
composition (f) composition
cracking (m) cracking
cristallisation (f) crystallization
degré (m) degree
densité (f) density
distillation (f) distillation
dosage (m) dosage
électrolyse (f) electrolysis
électron (m) electron
élément (m) element
enzyme (m) enzyme
éprouvette (f) test tube
éthane (m) ethane
éther (m) ether

évaporation (f) evaporation
expérience (f) experiment
expérimental experimental
formule (f) formula
gaz (m) naturel natural gas
gramme (m) gram
homogeneïté homogeneity
hydrocarbure (m) hydrocarbon
hydrolyse (f) hydrolysis
impureté (f) impurity
ingénieur (m) engineer
isotope (m) isotope
laboratoire (m) laboratory
méthane (m) methane
molaire molar
mole (f) mole
molécule (f) molecule
neutralisation (f) neutralization
neutre neutral
neutron (m) neutron
pétrole (m) petroleum
phosphate (m) phosphate
polymère (m) polymer
produit (m) product
proton (m) proton
purification (f) purification
raffiner refine (v)
raffinerie (f) refinery
réactif (m) reactant
recherche (f) research
réduction (f) reduction
rendement (m) yield
saponification (f) saponification
sel (m) salt
solubilité (f) solubility
soluté (m) solute
solution (f) solution
solvant (m) solvent
spectre (m) spectrum
sulfhydrate (m) hydrosulfate
titrage (m) titration
titre (d'une solution) (m) concentration

Chinaware and Tableware— English to French

bone china la porcelaine
bowl le bol
breadbasket la corbeille à pain
butter dish le beurrier
candlestick le chandelier
carving knife le couteau à découper
champagne glass la flûte à champagne
cheese-tray le plateau à fromage
china la porcelaine
chinaware la faïence
coffeepot la cafetière
crystal glass manufacturing la cristallerie
cup la tasse
cutlery la coutellerie
decanter la carafe
dessert plate l'assiette à dessert
dinner plate l'assiette plate
dishes la vaisselle
earthenware la faïence
expresso cup la demi-tasse
flute la flûte à champagne
fork la fourchette
glass le verre
gravy boat la saucière
hand-blown glass le verre soufflé
hand-painted peint(e) à la main

knife le couteau
lace la dentelle
linen la toile de lin
napkin la serviette
napkin ring le rond de serviette
oilcloth la toile cirée
pastry server la pelle à tarte
pepper mill le moulin à poivre
pepper shaker la poivrière
pitcher le pichet
place setting le couvert
plate l'assiette
pottery la poterie
salad plate l'assiette à salade
salt shaker la salière
saucer la soucoupe
silverware l'argenterie
soup dish l'assiette creuse
spoon la cuiller, cuillère
stoneware la poterie en grès
sugar bowl le sucrier
tablecloth la nappe
tablespoon la cuiller à soupe
teapot la théière
teaspoon la cuiller à cafe
thread le fil
tureen la terrine
unbleached linen la toile écrue

Major China and Tableware Areas

China	Crystal
Loiret	Baccarat
Meurthe-Moselle	Saint-Louis
Finistère	Arques
Provence	Meurthe-Moselle
Limoges	Lalique
Sèvres	Val Saint-Lambert (Belgium)

Chinaware and Tableware—
French to English

argenterie (f) silverware
assiette (f) plate
assiette à dessert dessert plate
assiette à salade salad plate
assiette creuse soup dish
assiette plate dinner plate
beurrier (m) butter dish
bol (m) bowl
cafetière (f) coffeepot
carafe (f) decanter
chandelier (m) candlestick
corbeille (f) à pain bread-basket
couteau (m) knife
couteau à découper carving knife
coutellerie (f) cutlery
couvert (m) place setting
cristallerie (f) crystal glass manufacturing
cuiller, cuillère (f) spoon
cuiller (f) à cafe teaspoon
cuiller à soupe tablespoon
demi-tasse (f) expresso cup
dentelle (f) lace
faïence (f) chinaware, earthenware
fil (m) thread
flûte (f) à champagne flute, champagne glass
fourchette (f) fork
moulin (m) à poivre pepper mill

nappe (f) tablecloth
peint(e) (f) à main hand-painted
pelle (f) à tarte pastry server
pichet (m) pitcher
plateau (m) à fromage cheese-tray
poivrière (f) pepper shaker
porcelaine (f) china, bone china
poterie (f) pottery
poterie en grès stoneware
rond (m) de serviette napkin ring
salière (f) salt shaker
saucière (f) gravy boat
serviette (f) napkin
soucoupe (f) saucer
sucrier (m) sugar bowl
tasse (f) cup
terrine (f) tureen
théière (f) teapot
toile (f) cirée oilcloth
toile de lin linen
toile écrue unbleached linen
vaisselle (f) dishes
verre (m) glass
verre soufflé hand-blown glass

Silk, Linen, and Lace

Cambrai
Basque Country
Haute Loire
Flanders, Belgium
Lyon

Electronic Equipment — English to French

alternating current le courant alternatif
amplifier l'amplificateur
amplitude modulation (AM) la modulation d'amplication
antenna l'antenne
beam le rayon
binary code le code binaire
broadcast (v) radiodiffuser
cable television la télévision à câble
cassette la cassette
cathode la cathode
channel le canal
circuit le circuit
coaxial cable le câble coaxial
computer l'ordinateur
conductor le conducteur
current le courant
detector le détecteur
digital le digital
diode la diode
electricity l'électricité
electrode l'éléctrode
electron l'électron
electronic l'électronique
electrostatic l'électrostatique
fiber optic la fibre optique
filament le filament
filter le filtre
frequency la fréquence
frequency modulation (FM) la modulation de fréquence
generator le générateur
high fidelity la haute fidélité
induction l'induction
insulator l'insulateur
integrated circuit le circuit intégré
kilowatt le kilowatt
laser le laser
microwave le micro-onde
mixer le mélangeur

motor le moteur
ohm l'ohm
optic l'optique
oscillator l'oscillateur
panel le panneau
parallel circuit le circuit parallèle
power la puissance, l'énergie
printed circuit le circuit imprimé
program le programme
radar le radar
radio la radio
receiver le récepteur
record le disque
record (v) enregistrer
record player l'électrophone
resistance la résistance
resonance la résonance
scanning le balayage
screen l'écran
semiconductor le semi-conducteur
short wave l'onde courte
silicon le silicon
sound le son
speaker le haut-parleur
stereophonic stéréophonique
switch le commutateur, l'interrupteur
tape recorder l'enregistreur
transformer le transformateur
transmitter le transmetteur
tone la tonalité
turbine la turbine
vacuum le vide
vector le vecteur
videocassette player le magnétophone
voltage la voltage
watt le watt
wave l'onde
wire le fil

Electronic Equipment — French to English

amplificateur (m) amplifier

antenne (f) antenna

balayage (m) scanning

câble (m) coaxial coaxial cable

canal (m) channel

cassette (f) cassette

cathode (f) cathode

circuit (m) circuit

circuit imprimé printed circuit

circuit intégré integrated circuit

circuit parallèle parallel circuit

code (m) binaire binary code

commutateur (m), interrupteur (m) switch

conducteur (m) conductor

courant (m) current

courant alternatif alternating current

détecteur (m) detector

digital (m) digital

diode (f) diode

disque (m) record

écran (m) screen

électricité (f) electricity

éléctrode (f) electrode

électron (m) electron

électronique electronic

électrophone (m) record player

électrostatique electrostatic

enregistrer record (v)

enregistreur (m) tape recorder

fibre (f) optique fiber optic

fil (m) wire

filament (m) filament

filtre (m) filter

fréquence (f) frequency

générateur (m) generator

haut-parleur (f) speaker

haute fidélité (f) high fidelity

induction (f) induction

insulateur (m) insulator

kilowatt (m) kilowatt

laser (m) laser

magnétophone (m) videocassette player

mélangeur (m) mixer

micro-onde (m) microwave

modulation d'amplication amplitude modulation (AM)

modulation (f) de fréquence frequency modulation (FM)

moteur (m) motor

ohm (m) ohm

onde (f) wave

onde courte short wave

optique optic

ordinateur (m) computer

oscillateur (m) oscillator

panneau (m) panel

programme (m) program

puissance (f), énergie (f) power

radar (m) radar

radio (f) radio

radiodiffuser broadcast (v)

rayon (m) beam

récepteur (m) receiver

résistance (f) resistance

résonance (f) resonance

semi-conducteur (m) semiconductor

silicon (m) silicon

son (m) sound

stéréophonique stereophonic

télévision (f) à câble cable television

tonalité (f) tone

transformateur (m) transformer

transmetteur (m) transmitter

turbine (f) turbine

vecteur (m) vector

vide (m) vacuum

voltage (f) voltage

watt (m) watt

Fashion — English to French

angora l'angora
blazer la veste
batiste la batiste
belt la ceinture
blouse la chemisier
bow tie le nœud papillon
button le bouton
buttonhole la boutonnière
camel's hair le poil de chameau
cashmere le cachémire
coat le manteau
collar le col
color la couleur
collections les collections
cuff link le bouton de manchette
cut (v) tailler
design (v) dessiner
designer le couturier
drape (v) draper
dress la robe
elegance l'élégance
fabric le tissu
fashion la mode
fashionable à la mode
flannel la flanelle
footage le métrage
French cuff le poignet mousquetaire
handkerchief le mouchoir
hem l'ourlet
high fashion designer le grand couturier
hood la capuche
jewel le bijou
length la longueur
lining la doublure
long sleeves les manches longues
model le mannequin
moire la moire
muslin la mousseline
needle l'aiguille
out of style démodé
pattern le patron
pleat la pince
pleated plissé(e)

polyester le polyester
poplin la popeline
print l'imprimé
raincoat l'imperméable
rayon la rayonne
ready-to-wear le prêt-à-porter
scarf le foulard
sew (v) coudre
sewing machine la machine à coudre
shirt la chemise
shoe la chaussure
short sleeves les manches courtes
shoulder pad l'épaulette
silk la soie
silk goods les soiries
silkworm le ver à soie
silk factory la soirie
silk manufacturers (Lyon) les soyeux
size la taille
skirt la jupe
slacks les pantalons
socks les chaussettes
sportswear les vêtements de sport
stitch le point
stockings les bas
style le style
stylist le styliste
suede le daim
suit le complet
sweater le pull-over
synthetic synthétique
taffeta le taffetas
tailor le tailleur
thread le fil
tie la cravate
tuxedo le smoking
veil la voilette
vest le petit gilet
weaver le tisserand
window dresser l'étalagiste
wool la laine
yarn le fil
zipper la fermeture éclair

Fashion—French to English

à la mode fashionable
aiguille (f) needle
angora angora
bas (m) stockings
batiste (f) batiste
bijou (m) jewel
bouton (m) button
bouton (m) de manchette cuff link
boutonnière (f) buttonhole
cachémire (m) cashmere
capuche (f) hood
ceinture (f) belt
chaussettes (m) socks
chaussure (f) shoe
chemise (f) shirt
chemisier (f) blouse
col (m) collar
collections (m) collections
complet (m) suit
coudre sew (v)
couleur (f) color
couturier (m) designer
cravate (f) tie
daim (m) suede
démodé out of style
dessiner design (v)
doublure (f) lining
draper drape (v)
élégance (f) elegance
épaulette (f) shoulder pad
étalagiste (m or f) window dresser
fermeture (f) éclair zipper
fil (m) thread, yarn
flanelle (f) flannel
foulard (m) scarf
grand couturier (m) high fashion designer
imprimé print
jupe (f) skirt
l'imperméable (m) raincoat
laine (f) wool
longueur (f) length
machine (f) à coudre sewing machine
manches (m) longues long sleeves

manches courtes (mpl) short sleeves
mannequin (m) model
manteau (m) coat
métrage (m) footage
mode (f) fashion
moire (f) moire
mouchoir (m) handkerchief
mousseline (f) muslin
noeud (m) papillon bow tie
ourlet (m) hem
pantalons (mpl) slacks
patron (m) pattern
petit gilet (m) vest
pince (f) pleat
plissé(e) pleated
poignet (m) mousquetaire French cuff
poil (m) de chameau camel's hair
point (m) stitch
polyester (m) polyester
popeline (f) poplin
prêt-à-porter (m) ready-to-wear
pull-over (m) sweater
rayonne (f) rayon
robe (f) dress
smoking (m) tuxedo
soie (f) silk
soirie (f) silk factory
soiries (mpl) silk goods
soyeux (mpl) silk manufacturers (Lyon)
style (m) style
styliste (f) stylist
synthétique synthetic
taffetas (m) taffeta
taille (f) size
tailler cut (v)
tailleur (m) tailor
tisserand (m) weaver
tissu (m) fabric
vêtements (mpl) de sport sportswear
ver (m) à soie silkworm
veste (f) blazer
voilette (f) veil

Iron and Steel—English to French

alloy steel l'acier allié

annealing recuit

bars les barres

billets les billettes

blast furnace le haut-fourneau

carbon steel l'acier au carbone

cast iron la fonte coulée

charge chrome le ferrochrome de charge

chromium le chrome

coal le charbon

coil la bobine

cold rolling le laminé à froid

continous caster la coulée continue

conveyor le transporteur

conveyor belt la chaîne de montage

copper le cuivre

crucible le creuset

cupola le cubilot

electric arc furnace le four électrique

electrodes les électrodes

electrolytic process le procédé électrolytique

ferritic ferritique

ferroalloys les ferro-alliages

ferromanganese le ferromanganese

finished products les produits finis

finishing mill les laminoirs de finition

flats products les produits plats

foundry la fonderie

furnace le four

galvanizing la galvani-sation

grinding le meulage

hardness le diamètre

heat la charge

hot rolling le laminé à chaud

induction furnace le four à induction

ingot mold la lingotière

ingot le lingot

iron ore le minerai de fer

limestone la pierre à chaux

long product le produit long

malleability la malléabilité

manganese ore le minerai de manganèse

molybdenum le molybdène

nitrogen l'azote

ore le minerai

pickling le décapage

pig iron la fonte

pipes and tubes les tubes et tuyauteries

plate la plaque

powder la poudre

pressure la pression

process le procédé

quench (v) tremper

rebars le fer à béton

refractories les produits réfractaires

rod la baguette

rolling mill le laminoir

scale la balance

scrap les déchets ou la ferraille

semis les semis

sheets la tôle

slabs les brames

specialty steels les aciers spéciaux

stainless steel l'acier inoxydable

steel mill l'acierie

structural shapes l'acier de construction

super alloys les super alliages

titanium le titane

toughness la dureté

tungsten le tungstène

vacuum melting furnace le four sous vide

vanadium le vanadium

wire le fil

Iron and Steel—French to English

acier (m) allié   alloy steel

acier (m) au carbone   carbon steel

acier (m) de construction   structural shapes

acier (m) inoxydable   stainless steel

acierie (f)   steel mill

aciers (mpl) spéciaux   specialty steels

azote   nitrogen

baguette (f)   rod

balance (f)   scale

barres (fpl)   bars

billettes (fpl)   billets

bobine (f)   coil

brames (fpl)   slabs

chaîne (f) de montage   conveyor belt

charbon (m)   coal

charge (f)   heat

chrome (m)   chromium

coulée (f) continue   continous caster

creuset (m)   crucible

cubilot (m)   cupola

cuivre (m)   copper

décapage (m)   pickling

déchets (m) ou ferraille (f)   scrap

diamètre (m)   hardness

dureté (f)   toughness

électrodes (fpl)   electrodes

fer (m) à béton   rebars

ferritique   ferritic

ferro-alliages (mpl)   ferroalloys

ferrochrome (m) de charge   charge chrome

ferromanganese (m)   ferromanganese

fil (m)   wire

fonderie (f)   foundry

fonte (f)   pig iron

fonte (f) coulée   cast iron

four (m)   furnace

four (m) à induction   induction furnace

four (m) électrique   electric arc furnace

four (m) sous vide   vacuum melting furnace

galvanisation (f)   galvanizing

haut-fourneau (m)   blast furnace

laminé à chaud   hot rolling

laminé à froid   cold rolling

laminoir (m)   rolling mill

laminoirs (mpl) de finition   finishing mill

lingot (m)   ingot

lingotière (f)   ingot mold

malléabilité   malleability

meulage (m)   grinding

minerai (m)   ore

minerai (m) de fer   iron ore

minerai (m) de manganèse   manganese ore

molybdène (m)   molybdenum

pierre (f) à chaux   limestone

plaque (f)   plate

poudre (f)   powder

pression (f)   pressure

procédé (m)   process

procédé (m) électrolytique   electrolytic process

produit (m) long   long product

produits (mpl) finis   finished products

produits (mpl) plats   flats products

produits (mpl) réfractaires   refractories

recuit   annealing

semis (mpl)   semis

super alliages (mpl)   super alloys

titane (m)   titanium

tôle (f)   sheets

transporteur (m)   conveyor

tremper   quench (v)

tubes (mpl) et tuyauteries (fpl)   pipes and tubes

tungstène (m)   tungsten

vanadium (m)   vanadium

Leather Goods — English to French

ankle boots les bottines
astrakan l'astrakan
attache case l'attaché-case
beaver le castor
belt la ceinture
billfold le porte-billets
blotter le sous-main
bootmaker le bottier
boot shop la botterie
boots les bottes
briefcase la serviette
calfskin la peau de veau
card case le porte-cartes
cigarette case l'étui à cigarette
cowhide la peau de vache
coyote le coyote
dye (v) teindre
eyeglass case l'étui à lunettes
fitch le putois
fox le renard
garment bag la housse de voyage
gloves les gants
handbag le sac à main
holster l'étui à revolver
key case le porte-clés
kidskin la peau de chevreau
lamb l'agneau
leather le cuir
leather goods la maroquinerie
leather jacket le blouson de cuir
leather strap la lanière
lizard (skin) la peau de lézard
lynx le lynx
makeup case la trousse à maquillage
manicuring kit la trousse à manucure
marmot la marmotte
mink le vison
Morroco leather le maroquin
nutria le ragondin

opossum l'opossum
ostrich (skin) la peau d'autruche
otter la loutre
paper holder le serre-papier
passport case le porte-passeport
pigskin la peau de porc
pocketbook le porte-feuille
portfolio le porte-documents
purse le porte-monnaie
rabbit le lapin
raccoon le raton laveur
sable la zibeline
saddle la selle de cheval
saddler le sellier
scissor case l'étui à ciseaux
sealskin la peau de phoque
sewing kit la trousse à couture
shoe la chaussure
slippers les chaussons
snakeskin la peau de serpent
suede le suède
suede jacket le blouson de daim
suitcase la valise
tan (v) tanner
tanner le tanneur
tannery la tannerie
tannin (tanin) le tannin (le tanin)
toilet kit la trousse de toilette
tote bag le sac de voyage
trunk la malle
watch strap le bracelet de montre
whip le fouet

Leather Goods — French to English

agneau (m) lamb
astrakan (m) astrakan
attaché-case (m) attache case
blouson (m) de cuir leather jacket
blouson de daim suede jacket
botterie (f) boot shop
bottes (fpl) boots
bottier (m) bootmaker
bottines ankle boots
bracelet (m) de montre watch strap
castor (m) beaver
ceinture (f) belt
chaussons (mpl) slippers
chaussure (f) shoe
coyote (m) coyote
cuir (m) leather
étui (m) à cigarette cigarette case
étui à lunettes eyeglass case
étui à revolver holster
fouet (m) whip
gants (mpl) gloves
housse (f) de voyage garment bag
lanière (f) leather strap
lapin (m) rabbit
loutre (f) otter
lynx (m) lynx
malle (f) trunk
marmotte (f) marmot
maroquin (m) Morroco leather
maroquinerie (f) leather goods
opossum (m) opossum
peau (f) d'autruche ostrich (skin)
peau de chevreau kidskin
peau de lézard lizard (skin)
peau de phoque sealskin
peau de porc pigskin
peau de serpent snakeskin
peau de vache cowhide
peau de veau calfskin

porte-billets (m) billfold
porte-cartes (m) card case
porte-clés (m) key case
porte-documents (m) portfolio
porte-feuille (m) pocketbook
porte-monnaie (m) purse
porte-passeport (m) passport case
putois (m) fitch
ragondin (m) nutria
raton laveur (m) raccoon
renard (m) fox
sac (m) à main handbag
sac de voyage tote bag
selle (f) de cheval saddle
sellier (m) saddler
étui (m) à ciseaux scissor case
serre-papier (m) paper holder
serviette (f) briefcase
sous-main (m) blotter
suède (m) suede
tanner tan (v)
tannerie (f) tannery
tanneur (m) tanner
tannin (tanin) (m) tannin (tanin)
teindre dye (v)
trousse (f) à couture sewing kit
trousse à manucure manicuring kit
trousse à maquillage makeup case
trousse de toilette toilet kit
valise (f) suitcase
vison (m) mink
zibeline (f) sable

Motor Vehicles — English to French

air filter le filtre à air
alternator l'alternateur
assembly line à la chaine
automatic gearshift l'embrayage automatique
automobile l'automobile
automotive worker l'ouvrier mécanicien
battery la batterie
belt la courroie
body la carrosserie
brake le frein
brake pedal la pédale de frein
bumper le pare-choc
camshaft l'arbre à came
car la voiture
carburetor le carburateur
chassis le chassis
clutch l'embrayage
clutch pedal la pédale d'embrayage
connecting rod la bieille
convertible la décapotable
crankshaft le vilebrequin
cylinder le cylindre
defroster le dégivreur
designer le dessinateur
diesel le diésel
disc le disque
displacement la cylindrée
distributor le distributeur
driver le conducteur
engine le moteur
engineer l'ingénieur
exhaust l'échappement
fender l'aile
four-cylinder engine le moteur à 4 cylindres
front-wheel drive la traction avant
gas consumption la consommation
gas pedal l'accélérateur
gasoline l'essence
gasoline tank le réservoir
gearshift le changement de vitesse
generator le générateur

grille la calandre
horsepower les chevaux
ignition le contact
injector l'injecteur
inspection l'inspection
lubrication le graissage
mechanic le mécanicien
mechanical engineer l'ingénieur mécanicien
mileage le kilométrage
model le modèle
odometer le compte-tours
oil filter le filtre à huile
oil pump la pompe à huile
paint la peinture
pinion le pignon
piston le piston
power steering la direction assistée
propulsion la propulsion
prototype le prototype
radial tire le pneu radial
rear axle le pont arrière
ring le segment
robot le robot
seat le siège
sedan la berline
shock absorber l'amortisseur
six-cylinder engine le moteur à six cylindres
spare tire la roue de secours
spark plug la bougie
speedometer le compteur de vitesse
spring le ressort
starter le démarreur
steering la direction
steering wheel le volant
suspension la suspension
tire le pneu
torque le couple
V8 engine le moteur V.8
valve la soupape
water pump la pompe à eau
wheel la roue
windshield le pare-brise

Motor Vehicles — French to English

à la chaine (f) assembly line
accélérateur (m) gas pedal
aile (f) fender
alternateur (m) alternator
amortisseur (m) shock absorber
arbre (m) à came camshaft
automobile (f) automobile
batterie (f) battery
berline (f) sedan
bieille (f) connecting rod
bougie (f) spark plug
calandre (f) grille
carburateur (m) carburetor
carrosserie (f) body
changement (m) de vitesse gearshift
chassis (m) chassis
chevaux (mpl) horsepower
compte-tours (m) odometer
compteur (m) de vitesse speedometer
conducteur (m) driver
consommation (f) gas consumption
contact (m) ignition
couple (m) torque
courroie (f) belt
cylindre (m) cylinder
cylindrée (f) displacement
décapotable (f) convertible
dégivreur (m) defroster
démarreur (m) starter
dessinateur (m) designer
diésel (m) diesel
direction (f) steering
direction (f) assistée power steering
disque (m) disc
distributeur (m) distributor
échappement (m) exhaust
embrayage (m) clutch
embrayage automatique automatic gearshift
essence (f) gasoline
filtre à air (m) air filter
filtre (m) à huile oil filter

frein (m) brake
générateur (m) generator
graissage (m) lubrication
ingénieur (m) engineer
ingénieur mécanicien mechanical engineer
injecteur (m) injector
inspection (f) inspection
kilométrage (m) mileage
mécanicien (m) mechanic
modèle (m) model
moteur (m) engine
moteur à 4 cylindres four-cylinder engine
moteur à 6 cylindres six-cylinder engine
moteur V.8 V8 engine
ouvrier (m) mécanicien automotive worker
pare-brise (m) windshield
pare-choc (m) bumper
pédale (f) d'embrayage clutch pedal
pédale de frein brake pedal
peinture (f) paint
pignon (m) pinion
piston (m) piston
pneu (m) tire
pneu radial radial tire
pompe (f) à eau water pump
pompe à huile oil pump
pont (m) arrière rear axle
propulsion (f) propulsion
prototype (m) prototype
réservoir (m) gasoline tank
ressort (m) spring
robot (m) robot
roue (f) wheel
roue de secours spare tire
segment (m) ring
siège (m) seat
soupape (f) valve
suspension (f) suspension
traction (f) avant front-wheel drive
vilebrequin (m) crankshaft
voiture (f) car
volant (m) steering wheel

Pharmaceuticals— English to French

anaesthetic l'anesthétique
analgesic l'analgésique
antacid l'antiacide
anti-inflammatory l'anti-inflammatoire
antibiotic l'antibiotique
anticholinergic l'anticholinergique
anticoagulant l'anti-co-agulant
antidepressant l'anti-dépressif
antiseptic l'antiseptique
aspirin l'aspirine
barbiturate le barbiturique
bleed (v) saigner
blood le sang
botanic la botanique
calcium le calcium
capsule la capsule
compounds les composés
content la teneur
cortisone la cortisone
cough (v) tousser
cough drop la pastille pour la toux
cough syrup le sirop pour la toux
crude non raffiné
density la densité
diabetes le diabète
digitalis la digitaline
disease la maladie
diuretic la diurétique
dose la dose
dressing le pansement
drop la goutte, la pastille
drug la drogue, le stupéfiant
drugstore la pharmacie
eyedrop le collyre
ground moulu
hexachlorophene l'hexa-chlorophène
hormone l'hormone
injection la piqûre
insulin l'insuline
iodine l'iode
iron le fer

laboratory technician le laborantin(e)
medicine le médicament
medication le médicament
morphine la morphine
narcotic le narcotique
nitrate le nitrate
nitrite le nitrite
ointment l'onguent
opium l'opium
pellet le grain
penicillin la pénicilline
pharmaceutical pharma-ceutique
pharmacist le pharma-cien(ne)
phenol le phénol
physician le médecin, le physicien
pill la pilule
plants les plantes
prescription l'ordonnance
purgative le purgatif
remedies les remèdes
saccharin la saccharine
salts les sels
salve la pommade
sedative l'hypnotique, le sédatif
serum le sérum
sinus le sinus
sleeping pill l'hypnotique
sneeze (v) éternuer
starch l'amidon
stimulant le stimulant
sulphamide le sulfamide
synthesis la synthèse
syringe la seringue
tablet la tablette
toxicology la toxicologie
toxin la toxine
tranquilizer le calmant
vaccine le vaccin
vitamin la vitamine
zinc le zinc

Pharmaceuticals — French to English

amidon (m) starch
analgésique (m) analgesic
anesthétique (m) anaesthetic
anti-coagulant (m) anticoagulant
anti-dépressif (m) antidepressant
anti-inflammatoire anti-inflammatory
antiacide (m) antacid
antibiotique (m) antibiotic
anticholinergiqu (m) anticholinergic
antiseptique (m) antiseptic
aspirine (f) aspirin
barbiturique (m) barbiturate
botanique (f) botanic
calcium (m) calcium
calmant (m) tranquilizer
capsule (f) capsule
collyre (m) eyedrop
composés (mpl) compounds
cortisone (f) cortisone
densité (f) density
diabète (m) diabetes
digitaline (f) digitalis
diurétique (f) diuretic
dose (f) dose
drogue (f), stupéfiant (m) drug
éternuer sneeze (v)
fer (m) iron
goutte (f), pastille (f) drop
grain (m) pellet
hexachlorophène (m) hexachlorophene
hormone (f) hormone
hypnotique (m) sleeping pill
hypnotique (m), sédatif sedative
insuline (f) insulin
iode (f) iodine
laborantin(e) (m) laboratory technician
maladie (f) disease
médecin (m), physicien (m) physician

médicament (m) medication
médicament (m) medicine
morphine (f) morphine
moulu ground
narcotique (m) narcotic
nitrate (m) nitrate
nitrite (m) nitrite
non raffiné crude
onguent (m) ointment
opium (m) opium
ordonnance (f) prescription
pansement (m) dressing
pastille (f) pour la toux cough drop
pénicilline (f) penicillin
pharmaceutique pharmaceutical
pharmacie (f) drugstore
pharmacien(ne) (m) pharmacist
phénol (m) phenol
pilule (f) pill
piqûre (f) injection
plantes (fpl) plants
pommade (f) salve
purgatif (m) purgative
remèdes (mpl) remedies
saccharine (f) saccharin
saigner bleed (v)
sang (m) blood
sérum (m) serum
sels (mpl) salts
seringue (f) syringe
sinus (m) sinus
sirop pour (m) la toux cough syrup
stimulant (m) stimulant
sulfamide (m) sulphamide
synthèse (f) synthesis
tablette (f) tablet
teneur (f) content
tousser cough (v)
toxicologie (f) toxicology
toxine (f) toxin
vaccin (m) vaccine
vitamine (f) vitamin
zinc (m) zinc

Printing and Publishing — English to French

acknowledgment le remerciement

black and white le noir et blanc

bleed (v) saigner

blowup l'agrandissement

boldface en gras

book le livre

capital la majuscule

chapter le chapitre

circulation le tirage

coated paper le papier glacé

color separation la séparation couleur

copy l'exemplaire

copy (v) copier

copyright le droit d'auteur

cover la couverture

crop la coupe

daily le quotidien

distribution la distribution

drop out (v) retirer

dummy la maquette

edit (v) éditer

edition l'édition

editor le rédacteur

engrave (v) graver

font la fonte

form l'imprimé

format le format

four colors la quadri-chromie

galley l'épreuve

glossy brillant

grain le grain

grid la grille

hardcover cartonné

headline à la une

illustration l'illustration

inch le pouce

ink l'encre

insert l'insertion

italic l'italique

jacket la jaquette

justify (v) justifier

layout le modèle

letter le caractère

letterpress la typographie

line la ligne

line drawing l'esquisse

lower case la minuscule

matrix la matrice

matt opaque

mechanical la maquette

negative le négatif

newsprint le papier journal

packing l'emballage

page makeup la mise en page

pagination la pagination

pamphlet la brochure

paper le papier

paperback broché

perfect binding la reliure

pica le cicéro

pigment le pigment

plate le cliché, la plaque

point le corps

positive positif

preface la préface

press book l'exemplaire de presse

print run la tirage

printing l'impression

proofreading la relecture

publisher l'éditeur

ream la rame

register marks les repères

roman le roman

scanner le scanneur

scoring la coordination

screen l'écran

sewn broché

sheet la feuille

size la dimension

soft cover la couverture souple

spine le dos

stripping le montage

table of contents la table des matières

title le titre

web offset la rotative offset

Printing and Publishing — French to English

à la une headline

agrandissement (m) blowup

brillant glossy

broché paperback, sewn

brochure (f) pamphlet

caractère (m) letter

cartonné hardcover

chapitre (m) chapter

cicéro (m) pica

cliché (m), plaque (f) plate

coordination (f) scoring

copier copy (v)

corps (m) point

coupe (f) crop

couverture (f) cover

couverture (f) souple soft cover

dimension (f) size

distribution (f) distribution

dos (m) spine

droit (m) d'auteur copyright

écran (m) screen

éditer edit (v)

éditeur (m) publisher

édition (f) edition

épreuve (f) gally

emballage (m) packing

en gras boldface

encre (f) ink

esquisse (f) line drawing

exemplaire (m) copy

exemplaire (m) de presse press book

feuille (f) sheet

fonte (f) font

format (m) format

grain (m) grain

graver engrave (v)

grille (f) grid

illustration (f) illustration

impression (f) printing

imprimé (m) form

insertion (f) insert

italique italic

jaquette (f) jacket

justifier justify (v)

ligne (f) line

livre (m) book

majuscule (f) capital

maquette (f) dummy

maquette (f) mechanical

matrice (f) matrix

minuscule (f) lower case

mise en page (f) page makeup

modèle (m) layout

montage (m) stripping

nègatif (m) negative

noir et blanc (m) black and white

opaque matt

pagination (f) pagination

papier (m) paper

papier (m) journal newsprint

papier (m) glacé coated paper

pigment (m) pigment

positif positive

pouce (m) inch

préface (f) preface

quadrichromie (f) four colors

quotidien (m) daily

rame (f) ream

rédacteur (m) editor

relecture (f) proofreading

reliure (f) perfect binding

remerciement (m) acknowledgment

repères (mpl) register marks

retirer drop out (v)

roman (m) roman

rotative offset (f) web offset

saigner bleed (v)

scanneur (m) scanner

séparation (f) couleur color separation

table des matières (f) table of contents

tirage (f) print run

tirage (m) circulation

titre (m) title

typographie (f) letterpress

Winemaking — English to French

acid content le degré d'acidité
acre l'arpent
aging le vieillissement
alcohol l'alcool
alcoholic content le degré alcoolique
batch la cuvée
blend (v) mélanger
biological diacidizing la fermentation malo-lactique
body le corps
bottle la bouteille
bouquet le bouquet
case la caisse
cask (225 litres) la barrique
centiliter le centilitre
character le caractère
classified sparkling wine le champagne
clearing le collage
climate le climat
cooper le tonnelier
cork le bouchon
corkscrew le tire-bouchon
country la région
draw off soutirer
dregs le moût
drink (v) boire
dry wine le vin sec
estate (or chateau) le château
estate bottled mis en bouteille au château
ferment le ferment
fruity fruité
grape le raisin
grape bunch la grappe
grape harvest les vendanges
guaranteed classified vintage l'appellation contrôlée
hectare l'hectare
label l'étiquette
liter le litre

magnum (2 bottles in one) le magnum
malolactic fermentation la fermentation malo-lactique
neck (of bottle) le goulot
pasteurized pasteurisé
production la production
ripe mûr
skin la peau
sour l'acre
sparkling wine le vin mousseux
stalking l'égrappage
sugar content le pourcen-tage de sucre
tannin le tannin (tanin)
tasting la dégustation
temperature la tem-pérature
type of vine le cépage
unfermented grape juice le jus de raisin
vat la cuve
vine le cep
vineyard le vignoble
vintage le cru
vintage year le millésime
vintner le négociant en vins
vintry le chais
wine le vin
wine cellar la cave
wine cooperative la coop-érative vinicole
winegrower le vigneron, le viticulteur
winemaker le maître de chais
winepress le pressoir
wine steward le sommelier
yeast la levure
yield la récolte, le rendement

Winemaking—French to English

acre sour
alcool (m) alcohol
appellation (f) contrôlée guaranteed classified vintage
arpent (m) acre
barrique (f) cask (225 litres)
boire drink (v)
bouchon (m) cork
bouquet (m) bouquet
bouteille (f) bottle
caisse (f) case
caractère (m) character
cave (f) wine cellar
cépage (m) type of vine
centilitre (m) centiliter
cep (m) vine
château (m) estate (or chateau)
chais (m) vintry
champagne (m) classified sparkling wine
climat (m) climate
collage (m) clearing
coopérative (f) vinicole wine cooperative
corps (m) body
cru (m) vintage
cuve (f) vat
cuvée (f) batch
dégustation (f) tasting
degré (m) alcoolique alcoholic content
degré (m) d'acidité acid content
égrappage (m) stalking
étiquette (f) label
ferment (m) ferment
fermentation (f) malo-lactique biological diacidizing
fermentation (f) malo-lactique malolactic fermentation
fruité fruity
goulot (m) neck (of bottle)
grappe (f) grape bunch

hectare (m) hectare
jus (m) de raisin unfer-mented grape juice
levure (f) yeast
liter litre (m)
magnum (2 bottles in one) magnum (m)
maître (m) de chais wine-maker
mélanger blend (v)
millésime (m) vintage year
mis en bouteille au château estate bottled
moût (m) dregs
mûr ripe
négociant (m) en vins vintner
pasteurisé pasteurized
peau (f) skin
pourcentage (m) de sucre sugar content
pressoir (m) winepress
production (f) production
raisin (m) grape
récolte (f), rendement (m) yield
région (f) country
sommelier (m) wine steward
soutirer draw off
tannin (tanin) (m) tannin
température (f) temper-ature
tire-bouchon (m) cork-screw
tonnelier (m) cooper
vendanges (fpl) grape harvest
vieillissement (m) aging
vigneron (m), viticulteur (m) winegrower
vignoble (m) vineyard
vin (m) wine
vin (m) mousseux spark-ling wine
vin (m) sec dry wine

Agriculture, Industry and Resources

The economic map of France will give you a good idea of French industrial geography.

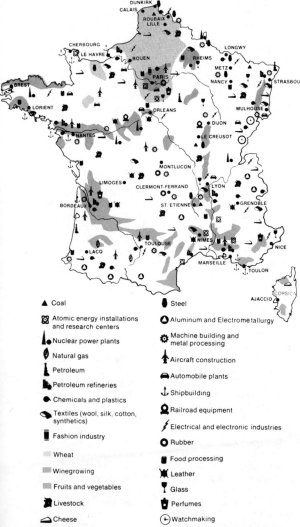

▲ Coal

▣ Atomic energy installations and research centers

◗ Nuclear power plants

◊ Natural gas

▮ Petroleum

▙ Petroleum refineries

● Chemicals and plastics

◝ Textiles (wool, silk, cotton, synthetics)

▮ Fashion industry

▨ Wheat

▨ Winegrowing

▨ Fruits and vegetables

▨ Livestock

◠ Cheese

● Steel

◭ Aluminum and Electrometallurgy

✿ Machine building and metal processing

▲ Aircraft construction

◗ Automobile plants

↓ Shipbuilding

◉ Railroad equipment

⚡ Electrical and electronic industries

● Rubber

▮ Food processing

♆ Leather

▼ Glass

▯ Perfumes

◷ Watchmaking

Reprinted with permission of Ambassade de France, Service de Presse et d'Information, New York.

GENERAL INFORMATION

ABBREVIATIONS

a.a. always afloat
a.a.r. against all risks
a/c account
A/C account current
acct. account
a.c.v. actual cash value
a.d. after date
a.f.b. air freight bill
agcy. agency
agt. agent
a.m.t. air mail transfer
a/o account of
A.P. accounts payable
A/P authority to pay
approx. approximately
A.R. accounts receivable
a/r all risks
A/S, A.S. account sales
a/s at sight
at. wt. atomic weight
av. average
avdp. avoirdupois
a/w actual weight
a.w.b. air waybill

bal. balance
bar. barrel
bbl. barrel
b/d brought down
B/E, b/e bill of exchange
b/f brought forward
B.H. bill of health
bk. bank
bkge. brokerage
B/L bill of lading
b/o brought over
B.P. bills payable
b.p. by procuration
B.R. bills receivable
B/S balance sheet
b.t. berth terms
bu. bushel
B/V book value

ca. circa; centaire
C.A. chartered accountant
c.a. current account
C.A.D. cash against documents
C.B. cash book
C.B.D. cash before delivery
c.c. carbon copy
c/d carried down
c.d. cum dividend
c/f carried forward
cf. compare
c & f cost and freight
C/H clearing house
C.H. custom house
ch. fwd. charges forward
ch. pd. charges paid
ch. ppd. charges prepaid
chq. check, cheque
c.i.f. cost, insurance, freight
c.i.f. & c. cost, insurance, freight, and commission
c.i.f. & e. cost, insurance, freight, and exchange
c.i.f. & i. cost, insurance, freight, and interest
c.l. car load
C/m call of more
C/N credit note
c/o care of
co. company
C.O.D. cash on delivery
comm. commission
corp. corporation
C.O.S. cash on shipment
C.P. carriage paid
C/P charter party
c.p.d. charters pay duties
cpn. corporation
cr. credit; creditor
C/T cable transfer

c.t.l.   constructive total loss
c.t.l.o.   constructive total
   loss only
cum.   cumulative
cum div.   cum dividend
cum. pref.   cumulative
   preference
c/w   commercial weight
C.W.O.   cash with order
cwt.   hundredweight

D/A   documents against
   acceptance; deposit
   account
DAP   documents against
   payment
db.   debenture
DCF   discounted cash flow
d/d   days after date;
   delivered
deb.   debenture
def.   deferred
dept.   department
d.f.   dead freight
dft.   draft
dft/a.   draft attached
dft/c.   clean draft
disc.   discount
div.   dividend
DL   dayletter
DLT   daily letter telegram
D/N   debit note
D/O   delivery order
do.   ditto
doz.   dozen
D/P   documents against
   payment
dr.   debtor
Dr.   doctor
d/s, d.s.   days after sight
d.w.   deadweight
D/W   dock warrant
dwt.   pennyweight
dz.   dozen

ECU   European Currency
   Unit
E.E.T.   East European
   Time
e.g.   for example
encl.   enclosure

end.   endorsement
E. & O.E.   errors and
   omissions excepted
e.o.m.   end of month
e.o.h.p.   except otherwise
   herein provided
esp.   especially
Esq.   Esquire
est.   established
ex   out
ex cp.   ex coupon
ex div.   ex dividend
ex int.   ex interest
ex h.   ex new (shares)
ex stre.   ex store
ex whf.   ex wharf

f.a.a.   free of all average
f.a.c.   fast as can
f.a.k.   freight all kinds
f.a.q.   fair average quality;
   free alongside quay
f.a.s.   free alongside ship
f/c   for cash
f.c. & s.   free of capture
   and seizure
f.c.s.r. & c.c.   free of
   capture, seizure, riots,
   and civil commotion
F.D.   free delivery to dock
f.d.   free discharge
ff.   following; folios
f.g.a.   free of general average
f.i.b.   free in bunker
f.i.o.   free in and out
f.i.t.   free in truck
f.o.b.   free on board
f.o.c.   free of charge
f.o.d.   free of damage
fol.   following; folio
f.o.q.   free on quay
f.o.r.   free on rail
f.o.s.   free on steamer
f.o.t.   free on truck(s)
f.o.w.   free on wagons; free
   on wharf
F.P.   floating policy
f.p.   fully paid
f.p.a.   free of particular
   average

frt. freight
frt. pd. freight paid
frt. ppd. freight prepaid
frt. fwd. freight forward
ft. foot
fwd. forward
f.x. foreign exchange

g.a. general average
g.b.o. goods in bad order
g.m.b. good merchantable brand
g.m.q. good merchantable quality
G.M.T. Greenwich Mean Time
GNP gross national product
g.o.b. good ordinary brand
gr. gross
GRT gross register ton
gr. wt. gross weight
GT gross tonnage

h.c. home consumption
hgt. height
hhd. hogshead
H.O. head office
H.P. hire purchase
HP horsepower
ht. height

IDP integrated data processing
i.e. that is
I/F insufficient funds
i.h.p. indicated horse-power
imp. import
Inc. incorporated
incl. inclusive
ins. insurance
int. interest
inv. invoice
I.O.U. I owe you

J/A, j.a. joint account
Jr. junior

KV kilovolt
KW kilowatt
KWh kilowatt hour

L/C, l.c. letter of credit
LCD telegram in the language of the country of destination
LCO telegram in the language of the country of origin
ldg. landing; loading
l.t. long ton
Ltd. limited
l. tn. long ton

m. month
m/a my account
max. maximum
M.D. memorandum of deposit
M/D, m.d. months after date
memo. memorandum
Messrs. plural of Mr.
mfr. manufacturer
min. minimum
MLR minimum lending rate
M.O. money order
m.o. my order
mortg. mortgage
M/P, m.p. months after payment
M/R mate's receipt
M/S, m.s. months' sight
M.T. mail transfer
M/U making-up price

n. name; nominal
n/a no account
N/A no advice
n.c.v. no commercial value
n.d. no date
n.e.s. not elsewhere specified
N/F no funds
NL night letter
N/N no noting
N/O no orders
no. number
n.o.e. not otherwise enumerated
n.o.s. not otherwise stated
nos. numbers

NPV   no par value
nr.   number
n.r.t.   net register ton
N/S   not sufficient funds
NSF   not sufficient funds
n. wt.   net weight

o/a   on account
OCP   overseas common point
O/D, o/d   on demand; overdraft
o.e.   omissions excepted
o/h   overhead
ono.   or nearest offer
O/o   order of
O.P.   open policy
o.p.   out of print; overproof
O/R, o.r.   owner's risk
ord.   order; ordinary
O.S., o/s   out of stock
OT   overtime

p.   page; per; premium
P.A., p.a.   particular average; per annum
P/A   power of attorney; private account
PAL   phase alternation line
pat. pend.   patent pending
PAYE   pay as you earn
p/c   petty cash
p.c.   percent; price current
pcl.   parcel
pd.   paid
pf.   preferred
pfd.   preferred
pkg.   package
P/L   profit and loss
p.l.   partial loss
P/N   promissory note
P.O.   post office; postal order
P.O.B.   post office box
P.O.O.   post office order
p.o.r.   pay on return
pp.   pages
p & p   postage and packing
p. pro   per procuration
ppd.   prepaid
ppt.   prompt

pref.   preference
prox.   proximo
P.S.   postscript
pt.   payment
P.T.O., p.t.o.   please turn over
ptly. pd.   partly paid
p.v.   par value

qlty.   quality
qty.   quantity

r. & c.c.   riot and civil commotions
R/D   refer to drawer
R.D.C.   running down clause
re   in regard to
rec.   received; receipt
recd.   received
red.   redeemable
ref.   reference
reg.   registered
retd.   returned
rev.   revenue
R.O.D.   refused on delivery
R.P.   reply paid
r.p.s.   revolutions per second
RSVP   please reply
R.S.W.C.   right side up with care
Ry   railway

s.a.e.   stamped addressed envelope
S.A.V.   stock at valuation
S/D   sea damaged
S/D, s.d.   sight draft
s.d.   without date
SDR   special drawing rights
sgd.   signed
s. & h. ex   Sundays and holidays excepted
shipt.   shipment
sig.   signature
S/LC, s. & l.c.   sue and labor clause
S/N   shipping note
s.o.   seller's option
s.o.p.   standard operating procedure

spt. spot
Sr. senior
S.S., s.s. steamship
s.t. short ton
ster. sterling
St. Ex. stock exchange
stg. sterling
s.v. sub voce

T.A. telegraphic address
T.B. trial balance
tel. telephone
temp. temporary secretary
T.L., t.l. total loss
T.L.O. total loss only
TM multiple telegram
T.O. turn over
tr. transfer
TR telegram to be called for
TR, T/R trust receipt
TT, T.T. telegraphic transfer (cable)
TX Telex

UGT urgent
u.s.c. under separate cover
U/ws underwriters

v. volt
val. value
v.a.t. value-added tax
v.g. very good

VHF very high frequency
v.h.r. very highly recommended

w. watt
WA with average
W.B. way bill
w.c. without charge
W.E.T. West European Time
wg. weight guaranteed
whse. warehouse
w.o.g. with other goods
W.P. weather permitting; without prejudice
w.p.a. with particular average
W.R. war risk
W/R, wr. warehouse receipt
W.W.D. weather working day
wt. weight

x.c. ex coupon
x.d. ex dividend
x.i. ex interest
x.n. ex new shares

y. year
yd. yard
yr. year
yrly. yearly

WEIGHTS AND MEASURES

U.S. UNIT	METRIC EQUIVALENT
mile	1.609 kilometers
yard	0.914 meters
foot	30.480 centimeters
inch	2.540 centimeters
square mile	2.590 square kilometers
acre	0.405 hectares
square yard	0.836 square meters
square foot	0.093 square meters
square inch	6.451 square centimeters
cubic yard	0.765 cubic meters
cubic foot	0.028 cubic meters
cubic inch	16.387 cubic centimeters

U.S. UNIT	METRIC EQUIVALENT
short ton	0.907 metric tons
long ton	1.016 metric tons
short hundredweight	45.359 kilograms
long hundredweight	50.802 kilograms
pound	0.453 kilograms
ounce	28.349 grams
gallon	3.785 liters
quart	0.946 liters
pint	0.473 liters
fluid ounce	29.573 milliliters
bushel	35.238 liters
peck	8.809 liters
quart	1.101 liters
pint	0.550 liters

TEMPERATURE AND CLIMATE

Temperature Conversion Chart

DEGREES CELSIUS	DEGREES FAHRENHEIT
−5	23
0	32
5	41
10	50
15	59
20	68
25	77
30	86
35	95
40	104

Average Temperatures for Major Cities

	JAN	APR	JULY	OCT
Paris	37°F (3°C)	60°F (15°C)	77°F (15°C)	60°F (15°C)
Bordeaux	45°F (7°C)	61°F (16°C)	77°F (25°C)	63°F (17°C)
Marseille	46°F (8°C)	63°F (17°C)	80°F (27°C)	66°F (18°C)
Geneva	38°F (4°C)	58°F (15°C)	68°F (20°C)	58°F (15°C)
Brussels	38°F (4°C)	55°F (13°C)	72°F (21°C)	58°F (15°C)

COMMUNICATIONS CODES

Telephone

The entire French telephone system is automatic and connected to the international dialing system. Public pay phones are located at post offices, cafés, airports, and on the streets. They accept coins and, unlike the old system that needed a token, international and long distance calls may be placed from them.

The modern phones need a special card that can be purchased at any post office or tobacco store (including the airports) for thirty French francs (or more). It can be used for local, long distance, or international calls until the 30-franc credit is used up. The computer will automatically deduct the cost of the call from your card and tell you your remaining balance.

In France (except in Paris), telephone numbers consist of six digits. In Paris, phones now have eight digits instead of seven. The number 4 was added to all Paris numbers, while other numbers were assigned to the suburbs.

For calls to another part of France, dial 16 + area code + telephone number. To dial direct to the U.S., you must dial 19 + 1 + area code + telephone number. To call a number in Geneva (Switzerland) from France, dial 19 + 41 + 22 + number. To call Lausanne from France, dial 19 + 41 + 21 + number. To call a number in Brussels (Belgium) from France, dial 19 + 32 + 02 + number. In Switzerland and in Belgium, the telephone system is similar to France's.

Public pay phones in both of these countries can be found at post offices, in cafés, and on the streets. They accept coins, not cards. The Swiss telephone numbers have six digits. Belgian telephone numbers have seven digits.

telephone booth	cabine téléphonique
public phone	téléphone public
telephone directory	annuaire téléphonique
local call	appel local; appel en ville
long-distance call	appel interurbain; appel à l'extérieur
person-to-person call	appel avec préavis
collect call	appel téléphonique en P.C.V.

Area Codes within France

Bordeaux	56	Marseille	91
Clermont-Ferrand	73	Nantes	40
Dijon	80	Nice	93
Grenoble	76	Paris	1
Lille	20	Strasbourg	88
Lyon	78	Toulouse	61

Area Codes for Other French-Speaking Cities

Antwerp	31	Liege	41
Bruges	50	Geneva	22
Brussels	2	Lausanne	21
Ghent	91	Montreal	514

International Country Codes

Algeria	213	Malta	356
Argentina	54	Mexico	52
Australia	61	Morocco	212
Austria	43	Netherlands	31
Belgium	32	New Zealand	64
Brazil	55	Norway	47
Canada	1	Philippines	63
Chile	56	Poland	48
Colombia	57	Portugal	351
Denmark	45	Saudi Arabia	966
Finland	358	Singapore	65
France	33	South Africa	27
Germany (West)	37	South Korea	82
Germany (East)	49	Spain	34
Gibraltar	350	Sri Lanka	94
Greece	30	Sweden	46
Hong Kong	852	Switzerland	41
Hungary	36	Taiwan	886
Iceland	354	Thailand	255
India	91	Tunisia	216
Ireland	353	Turkey	90
Israel	972	United Kingdom	44
Italy	39	USA	1
Japan	81	USSR	7
Kuwait	965	Venezuela	58
Luxembourg	352	Yugoslavia	38

POSTAL SERVICES

In France

The French postal service (P.T.T.) handles mail, telephone service, and telegrams. Most offices are open Monday through Friday from 8 A.M. to 7 P.M. and until noon on Saturday. The main post office in Paris (52, rue du Louvre, 75001) is open 24 hours. Key branches in Paris are:

71, Avenue des Champs-Elysées 75008   Accepts telegrams

and cables until 11:30 P.M. except Sundays and holidays (10 A.M. to noon and from 2 P.M. to 8 P.M.).

Orly Airport (South)   Open 24 hours.

Orly Airport (West)   Open 6:30 A.M. to 11 P.M.

Charles de-Gaulle Airport   Open 6:30 A.M. to 11 P.M. except Sundays and holidays (8:30 A.M. to 6:30 P.M.).

Stamps may be bought at a post office, at a tobacconist's, or at your hotel. If you collect stamps, you can buy all the French stamps by correspondence from Service Philatélique des P.T.T., 61–63, rue de Douai, 75346 Paris Cedex 09. You can also buy them at Musée de la Poste, Maison de la Poste et la Philatelie, 34 boulevard de Vaugirard, 75015.

In Belgium

Post offices are separate from telegram and telephone services. Hours for post offices are approximately 8 A.M. to 7 P.M., Monday through Friday and until noon on Saturday. There is a 24-hour post office at 48A, avenue Fonsny (Gare du Midi). The main post office in Brussels is at 1, place de la Monnaie.

In Switzerland

The postal service is highly efficient and delivery of regular mail ordinarily takes one day. Post offices are open from 7:30 A.M. to noon and 1:30 P.M. to 6:30 P.M., Monday through Friday; 9:30 to 11 A.M. on Saturday. Facilities offer postal, telephone, and telegram service. In Geneva, the office at rue de Lausanne is open from 6:30 A.M. to 11 P.M., every day.

TIME ZONES

Note that in Europe official time is based on the 24-hour clock as follows:

1:00 PM = 13h00   treize heures
1:30 PM = 13h30   treize heures trente

Use the following table to know the time difference between where you are and other major cities. Note, however, that during April through September, you will also have to take Daylight Savings Time into account. Since there are four time zones for the United States, eleven zones for the U.S.S.R., and three for Australia, we've listed major cities for these countries.

−8 HOURS	−6 HOURS	−5 HOURS	GREEN-WICH MEAN TIME	+1 HOUR	+2 HOURS	+3 HOURS	+ ADDITIONAL HOURS
Los Angeles San Francisco	Chicago Dallas Houston	Boston New York Washington, D.C.	Great Britain Iceland Ireland Portugal	Austria Belgium Denmark France Germany Hungary Italy Luxembourg Malta Monaco Netherlands Norway Poland Spain Sweden Switzerland Yugoslavia	Finland Greece Romania South Africa	Turkey Moscow	Sydney (10 hours) New Zealand (12 hours)

MAJOR HOLIDAYS

January 1	New Year's Day	Le Jour de l'An
March–April	Good Friday	Le Vendredi-Saint
	Easter (Monday)	Pâques
40 days after Easter	Ascension	L'Ascension
7 Mondays after Easter	Whitmonday	Lundi de la Pentecôte
May 1	Labor Day	La Fête du Travail
July 14	Bastille Day	La Fête Nationale
August 15	Assumption Day	L'Assomption
November 1	All Saints' Day	La Toussaint
November 11	Armistice Day	L'Armistice
December 25	Christmas	Noël

CURRENCY INFORMATION

Major Currencies of the World

Andorra	French Franc
Austria	Schilling
Belgium	Belgian Franc
Denmark	Danish Krone
Finland	Finnmark
France	Franc
Germany (West)	Mark (DM)
Germany (East)	Mark (M)
Greece	Drachma
Hungary	Forint
Iceland	Krone
Ireland	Punt
Italy	Lira
Liechtenstein	Swiss Franc
Luxembourg	Luxembourg Franc
Malta	Maltese Lira
Monaco	French Franc
Netherlands	Guilder
Norway	Norwegian Krone
Portugal	Escudo
Spain	Peseta
Sweden	Swedish Krone
Switzerland	Swiss Franc
Turkey	Lira
United Kingdom	Pound Sterling
USSR	Ruble
Yugoslavia	Dinar

Major Commercial Banks

In France

Banque Nationale de Paris
16, boulevard des Italiens
75009 Paris

Caisse Nationale de Crédit
  Agricole
91/93, boulevard Pasteur
75015 Paris

Crédit Lyonnais
19, boulevard des Italiens
75002 Paris

Société Générale
29, boulevard Haussmann
75009 Paris

In Belgium

Banque Bruxelles Lambert
24 avenue Marnix
B-1050 Brussels

Kredietbank
19 Grote Markt
B-1000 Brussels

Société Générale de Banque
(Generale Bank)
3 Montaigne du Parc
B-1000 Brussels

In Switzerland

Union Bank of Switzerland
(UBS)
Bahnhofstrasse 45
Postfach
CH-8021 Zurich

Swiss Bank Corporation
Postfach
CH-4002 Basle

Crédit Suisse
Paradeplatz 8
Postfach
CH-8021 Zurich

MAJOR BUSINESS PERIODICALS

The *International Herald Tribune* is the leading English-language newspaper sold in Europe. It is available at most hotels and newsstands. The *Journal of Commerce* is also widely available.

Newspapers

In France

Les Echos
Le Figaro
Libération
Le Matin de Paris
Le Monde
Le Quotidien (de Paris)

In Belgium

Le Soir
La Libre Belgique
L'Echo de la Bourse
Le Lloyd Anversois

La Lanterne
La Dernière Heure
La Wallonie

In Switzerland

(All major business newspapers in Switzerland are in German.)
Neue Zuercher Zeitung
Schweiz. Handelszeitung
Finanz und Wirtschaft
La Tribune de Genève
La Gazette de Lausanne

Magazines

In France

Le Nouvel Observateur
Le Nouvel Economiste
L'Expansion
L'Express
Le Point
La Vie Française
L'Usine Nouvelle
L'Auto-Journal

In Belgium

Trends Tendance
Libelle/Rosita
Femmes d'aujourd'hui
Pourquoi-Pas?
BMB
Cine Revue
The Bulletin (in English)
Prospects (in English)

ANNUAL TRADE FAIRS

This is a partial list of annual events. Changes may occur from
year to year, as well as during the year, and it is advisable to
consult local tourist offices and the Government Tourist Offices abroad for up-to-date information.

Paris

January	International Furniture Exhibition
	Furniture Manufacturer's Exhibition
	Show for KD Furniture and Take-Home Goods for Home
	International Lighting Exhibition
	Commercial and Professional Arts and Gifts Exhibition
	Jewelry, Gold and Silver, Clocks Exhibition
	International Paris Boat Show
	Games and Toys Exhibition
	Confectionary, Chocolate and Biscuit Trade Exhibition
	Stationery Exhibition
	Household Appliances Exhibition
February	Men's and Boy's Wear Trade Show
	Children's Fashion Exhibition
	Knitwear Exhibition
	Ladies Ready-to-Wear Exhibition
	Franchise Show
	Retail Trades Equipment Show
March	Mechanical Components and Systems for Machine Construction Show*
	Agricultural Show
	Agricultural Machinery Show
	Leisure Power Cultivation Show
	International Sound Festival

	Woodworking Machinery Exhibition
	Fur Industries Exhibition
May	International Handling Equipment Exhibition
	Wallcoverings, Furnishing, Textiles and Linens Show
	Carpet and Floor Coverings Exhibition
June	Dairy Equipment Exhibition
September	Commercial and Professional Arts and Gifts Exhibit
	Jewelry, Gold and Silver, Clocks Exhibition
	Children's Fashion Exhibition
	Men's and Boy's Wear Trade Show
	Sports Goods and Leisure Equipment Exhibition
	International Leather Week
	Hardware, Tools, Gardening and Domestic Hardware Exhibition
	Data Processing and Communications Show
	Ladies Ready-to-Wear Clothing Exhibition
October	Laundry, Dry Cleaning Machinery Exhibit
	Hotel and Catering Equipment Exhibition
	Food Products Exhibition*
	Optical Equipment Exhibition
November	Food Manufacturing Processing Exhibition*
	Machinery and Technics for Meat Industry Exhibition*
	Packaging Exhibition*
	Environment Exhibition*
December	Laboratory Exhibition*
	Chemical Engineering and Equipment Exhibition*

* Held every two years

Note: For additional information, contact PromoSalons, International Trade Exhibitions in France, Inc., 8 West 40th Street, Suite 1505, New York, New York 10018 (212) 869-1720; Telex 427 563 FRSHOWS. In Paris, the address is 17, rue Daru, 75008; telephone (1) 267-26-53; telex MLR 648 256 F.

Paris Convention Center
2, place de la Porte-Maillot
75017 Paris
Tel: (1) 46-40-22-22
Telex: 660235 F.

Parc des Expositions de
la Porte de Versailles
Porte de Versailles
75015 Paris

Parc des Expositions de
Villepinte
93420 Villepinte

Palais des Congrès
2, place de la Porte-Maillot
75017 Paris

CNIT-La Défense
Puteaux
92092 Paris

Brussels

February	Material and Equipment for Florists Trade Show
	Crystalware, Chinaware, Ceramics, Jewelry, Toys, Gifts, and Home Decoration Trade Show
March	Exhibition of Touring, Nauting, Aviation, Caravans, Motorhomes
	Sports Show
	Brussels Trade Fair—All Consumer Goods: Foodstuffs, Home Decoration, Fashion, Home Comfort
	Garden and Swimming Pool Exhibition
April	Medical and Hospital Equipment Trade Show
May	International Industrial Equipment Exhibition
	International Packaging Show
	International Exhibition of Public Services Equipment
	International Sub-contracting Trade Show
	Handling, Hoisting, and Storage Trade Show
	Forum of New Technologies
	Hydraulic and Pneumatic Components Trade Show
	Industrial Electricity Trade Show
	Automation Show
July	International Congress on Thrombosis and Haemostasis
September	International Congress of International Fiscal Association
	Crystalware, Chinaware, Ceramics, Jewelry, Toys, Gifts, and Home Decoration Trade Show
	Material and Equipment for Florists Trade Show
	International Hardware and Household Goods Fair
	World Road Congress and Exhibition
	International Symposium on Industrial Robots and Technical Exhibition
October	European Professional Fair for Hotels, Restaurants, Pubs, Communities, and Ice Cream Trade
November	European Exhibition for Heating, Drying, Ventilation, Air Conditioning and Refrigeration
	Symposium on Air Conditioning and Refrigeration
	International Brussels Travel Fair

Water Technics Exhibition
Applications of Synthetic Materials and Composites Exhibition
International Woodworking Show
Horses and Horseriding Equipment Trade Show
Do-it-Yourself Exhibition
Worldfair for Inventions

December   Investment and Saving Exhibition

Parc des Expositions
Place de Belgique
B-1020 Brussels
Tel: 02-478-48-60
Telex: 23643 b

Geneva

January	International Commercial Vehicles Show
February	National Cycle and Motorcycle Exhibition
March	International Motor Show
April	Exhibition of Inventions and New Techniques
May	Car Model Exchange
	Vehicle Industry Suppliers Exhibition
June	European Nuclear Conference and Trade Fair
	Banking Services Exhibition
September	Data and Text Processing Applications Fair
November	Ideal Home Exhibition
	Geneva Antiques Fair
December	Pest Control Exhibition

Palexpo Exhibition and Conference Center
For more information, contact Foundation for the Promotion and Organization of Trade Exhibitions, Case postale 112, CH-1218 Grand-Saconnex, Geneva; telephone: 022/98 11 11; telex; 422784 EXPO CH.

TRAVEL TIMES

To France

Most international flights to Paris arrive at Roissy-Charles-de-Gaulle Airport, though charter flights usually head to Orly Airport. Charles-de-Gaulle Airport is 26 km from Paris; Orly is 16 km. Connections are made easily to Paris from either airport.

Air Terminals

Maillot terminal   2, place de la Porte-Maillot, 75017 Paris
Tel. (1) 42 99 20 18 and (1) 42 99 21 49

Invalides terminal   2, rue Esnault-Pelterie, 75007 Paris Tel. (1) 42 23 97 10 and (1) 43 23 87 79

Air France Buses

From all airports to Maillot, Hôtel Méridien, Les Invalides, Montparnasse (check with Air France, your travel agent, or at the airport upon your arrival).

Railways

Orly Rail   (Railway services connecting boulevard Victor, Javel, Champ-de-Mars, Alma, Invalides, Orsay, Saint-Michel and Austerlitz with Orly-South and West Airports). Departures every 15 minutes from 5:30 A.M. to 8:45 P.M. and every 30 minutes from 8:45 P.M. to 10:45 P.M.
Roissy-Rail   (Railway services connecting Cité Universitaire, Denfert-Rochereau, Port Royal, Luxembourg, Châtelet, Gare du Nord with Charles-de-Gaulle Airport). Departures every 15 minutes from 5:30 A.M. to 11:30 P.M.

Buses (RATP)

350   Gare de l'Est/Gare du Nord to Le Bourget Airport and Charles-de-Gaulle Airport (6 tickets).
351   Nation to Charles-de-Gaulle Airport (6 tickets).
215   Denfert-Rochereau to Orly-South and Orly-West Airports (3 tickets).
183 A   Porte de Choisy to Orly-South Airport (4 tickets).

To Belgium

Flights to Belgium arrive at Brussels' Zaventem Airport, 12 km from the center of the city. The easiest way to reach the city is to take the train to Gare Centrale, which runs every 20 minutes.

To Switzerland (Geneva)

Flights to Geneva arrive at Cointrin Airport, located about 4 km from the center of the city. Taxis are quick but you can also take the airport bus to the Air Terminal at Gare Cornavin. The airport bus runs every 20 minutes.

Approximate Flying Times to Key French-Speaking Cities

New York – Paris	7 hours
New York – Geneva	7½ hours
New York – Brussels	6½ hours
Montreal – Paris	8½ hours
Montreal – Geneva	9 hours
Montreal – Brussels	9 hours

Los Angeles–Paris	12 hours
London–Paris	2 hours
Sydney–Paris	13½ hours

Average Flying Times Between Major French-Speaking Cities

Paris–Geneva	1 hour
Paris–Bordeaux	1 hour
Paris–Lyon	1 hour
Paris–Marseille	1 hour, 20 minutes

| Geneva–Brussels | 1 hour |
| Paris–Brussels | 50 minutes |

Air Inter
Air Inter is the French domestic airline. Air Inter flies in and out of both Orly and Charles-de-Gaulle Airport, as well as to Nice, Marseille, Toulouse, Bordeaux, Lyon, Strasbourg, Mulhouse/Basle, Montpellier, and Nantes. Reservations: (1) 45 39 25 25.

Air Littoral
Flights serving the south of France, Italy, and Spain. Telephone: 67 64 72 72.

Brit Air
Specializing in flights to Brittany and Normandy. Telephone: 98 62 10 22.

Euralair International
Executive jet flights and charter flights. Telephone: (1) 48 38 92 73.

Stellair
Passenger and freight charter flights. Telephone: 40 04 04 62.

Belgium has no large domestic airline. In Switzerland, the major domestic airlines are listed below:

Balair AG	Crossair
Flugplatz Basle-Muelhausen	Postfach 630
CH-4002 Basle	CH-8058 Zurich

CTA
Case Postale 110
CH-1215 Geneva

Rail Travel

France is covered by a dense network of railroad lines connecting large cities.

FOR INFORMATION AND RESERVATIONS APPLY TO S.N.C.F.	
INFORMATION	RESERVATION
Paris-Austerlitz	
Tel. (1) 45.84.16.16	(1) 45.84.15.20
Paris-Est	
Tel. (1) 42.08.49.90	(1) 42.40.11.22
Paris-Gare de Lyon	
Tel. (1) 43.45.92.22	(1) 42.45.93.33
Paris-Montparnasse	
Tel. (1) 45.38.52.29	(1) 45.38.52.39
Paris-Nord	
Tel. (1) 42.80.03.03	(1) 48.78.87.54
Paris-St-Lazare	
Tel. (1) 45.38.52.29	(1) 43.87.91.70

NEW! Special phone number for SNCF rail information in English.

From Paris and its region, call: (1) 43.80.50.50.

From other regions of France call: (1) 43.80.50.50

From foreign countries call: (33-1) 43.80.50.50

Thanks to the T.G.V. (Train à grande vitesse, or high-speed train), Lyon is only two hours from Paris, four hours from Marseille, and three and a half hours from Geneva.

There are more than twenty-five departures daily for Lyon, nine for Marseille, and five for Geneva, every day of the week. Reservations can be made and tickets can be bought in the United States at any office of the French Railroads or at a travel agency, one week prior to departure. For more information, please call the French Railroads at (212) 582-2110 (New York), (312) 427-8691 (Chicago), or (213) 274-6934 (Los Angeles). Eurorail can be reached at (800) 621-4460.

In Belgium, trains link up with major cities in Europe, and train travel is quick and efficient. There are three main stations: Gare du Midi, Gare Centrale, Gare du Nord.

In Switzerland, all trains to Geneva arrive at Gare Cornavin, which is conveniently located in the center of the city. There are also link-ups with other major Swiss cities, as well as other European cities.

TRAVEL TIPS

On the Plane

1. Be aware that the engine noise is less noticeable in the front part of the plane. Try to sleep. Some frequent travelers bring along earplugs, eyeshades, and slippers.
2. Wear comfortable, loose-fitting clothing.
3. Walk up and down the aisles, when permitted, at least

five minutes every hour to maintain body circulation.
4. Limit alcohol intake—altitude heightens the intoxicating effect.

Jet Lag

Disruption of the body's natural cycles can put a lingering damper on your vacation, so take the following precautions:

1. *Avoid loss of sleep* by taking a flight that will get you to your destination early in the evening, if at all possible. Get a good night's sleep at home the night before your departure.
2. *Rearrange your daily routine* and sleeping schedule to harmonize with a normal body clock at your destination.
3. *Avoid stress and last-minute rush.* You're going to need all your strength.

Shopping

Most shops open at 9 A.M. and close between 6:30 and 7:00 P.M. in France. In Belgium stores are open until 6:00 P.M.; in Switzerland until 6:30 P.M. Except for department stores and most of the boutiques in Paris, most shops close for an hour or two around noon. Most shops are closed on Sundays. In France, shops generally close at 5:00 P.M. on Saturday.

We suggest that, while in Paris, you do your shopping (especially perfume) in one of the big department stores instead of the duty-free shops at the airport. They are much less expensive, even when we are talking duty-free. For example, *Les Galeries Lafayette* has an extensive choice of perfumes and gifts of all kinds. You can pay with a major credit card and they will immediately credit your account in the amount of the V.A.T. (approximately 15% of the paid amount), which you are not supposed to pay if you are not a resident of France. This is true for all stores in France. (You will, of course, be billed in American dollars according to the current rate of exchange.) You can also be reimbursed at the airport customs office before leaving France, on presentation of your passport and the bill given to you by the store. Have the items in question with you in case the customs officer asks for them.

Clothing Sizes

In Europe, clothing sizes vary from country to country. Basically, for men, a suit size is "10" more than the American size; thus, an American 40 is a European or Continental 50. For women, the conversion is the American size plus "28"; thus, an American size 10 is a Continental 38.

Tipping

Tipping, of course, varies with the individual and the situation. The following amounts are typical: In hotels in France,

Belgium, and Switzerland, 10–15% is included in the bill; porter (per bag): 45 francs in Belgium, 5 francs in France, and 1 franc in Switzerland; for the maid (per week): 100 francs in Belgium, 5 francs in France, and in Switzerland the tip is included in the price of the room. In restaurants, 10–15% is usually included in the check. Lavatory and hat check attendants expect a few francs. Taxi drivers, barbers, and hairdressers receive 5%; ushers and guides expect lesser amounts.

Taxis

Taxi drivers in Paris are generally helpful and willing to get you to your destination in record time. You can catch a taxi at a taxi stand, identified by signs that say *Tête de Station* and/or *Taxi,* on a first-come, first-served basis. If both roof lights are lit, it's available; if just one is lit, it's taken. You can call for taxis— 42 05 77 77 or 42 03 99 99 are two of many numbers to call— but getting a taxi in the street is usually faster.

MAJOR HOTELS

Paris

Ambassador (9th)
16, boulevard Haussmann
Tel: 42 46 92 63
Telex 650912
Major credit cards accepted
Restaurant

Baltimore (16th)
88 bis, avenue Kléber
Tel: 45 53 83 33
Telex 611591
Major credit cards accepted
Restaurant: L'Estournel

Bedford (8th)
17, rue Arcade
Tel: 42 66 22 32
Telex 290506
Major credit cards accepted
Restaurant

Bristol (8th)
112, rue du Faubourg
   St-Honoré
Tel: 42 66 91 45
Telex 280961
(Indoor pool)
Major credit cards accepted
Restaurant: Le Bristol (two
   stars)

Château Frontenac (8th)
54, rue Pierre Charron
Tel: 47 23 55 85
Telex 660994
Major credit cards accepted
Restaurant

Claridge Bellman (8th)
37, rue François 1er
Tel: 47 23 90 03
Telex 641150
Major credit cards accepted
Restaurant

Concorde-St Lazare (8th)
108, rue St Lazare
Tel: 42 94 22 22
Telex 650442
Major credit cards accepted
Restaurant: Café Terminus

Commodore (9th)
12, boulevard Haussmann
Tel: 42 46 72 82
Telex 2806601
Major credit cards accepted
Restaurant

Crillon (Hôtel de) (8th)
10, place de la Concorde
Tel: 42 65 24 24
Telex 290204
Major credit cards accepted
Restaurant: Les
    Ambassadeurs (two stars)

Frantel-Windsor (8th)
14, rue Beaujon
Tel: 45 63 04 04
Telex 650902
Major credit cards accepted
Restaurant: Le Clovis (one
    star)

George V (8th)
31, avenue George-V
Tel: 47 23 54 00
Telex 280627
Major credit cards accepted
Restaurant: Les Princes

Le Grand Hôtel (9th)
2, rue Scribe
Tel: 42 68 12 13
Telex 220875
Major credit cards accepted
Restaurant: Le Patio

Hilton (15th)
18, avenue de Suffren
Tel: 42 73 92 00
Telex 200955
Major credit cards accepted
(Indoor pool)
Restaurants: Le Western
    and Le Toit de Paris

Holiday-Inn (11th)
10, place de la République
Tel: 43 55 44 34
Telex 210651
Major credit cards accepted
Restaurant: Belle Epoque;
Coffee-shop: Le Jardin
    d'Hiver

Inter-Continental (1st)
3, rue la Castiglione
Tel: 42 60 37 80
Telex 220114
Major credit cards accepted

Lancaster (8th)
7, rue de Berri
Tel: 43 59 90 43
Telex 640991
Major credit cards accepted
Restaurant

Lutétia (6th)
45, boulevard Raspail
Tel: 45 44 38 10
Telex 270424
Major credit cards accepted
Restaurant: Le Paris (one
    star)

Littré (6th)
9, rue Littré
Tel: 45 44 38 68
Telex 203852
Major credit cards accepted
Restaurant

Lotti (1st)
7, rue de la Castiglione
Tel: 42 60 37 34
Telex 240066
Major credit cards accepted
Restaurant

Louvre-Concorde (1st)
Place André Malraux
Tel: 42 61 56 01
Telex 220412
Major credit cards accepted
Restaurant

Meurice (1st)
228, rue de Rivoli
Tel: 42 60 38 60
Telex 230673
Major credit cards accepted

Montparnasse Park (14th)
19, rue Cdt Mouchette
Tel: 43 20 15 51
Telex 200135
Major credit cards accepted
Restaurant: La Ruche

Napoléon (8th)
40, avenue Friedland
Tel: 47 66 02 02
Telex 640609
Major credit card accepted
Restaurant: Napoléon
Baumann

Nikko (15th)
61, quai de Grenelle
Tel: 45 75 62 62
Telex 260002
Major credit cards accepted
(Indoor pool)
Restaurant: Les Célèbrités
(one star)

La Pérouse (16th)
40, rue La Pérouse
Tel: 45 00 83 47
Telex 613420
Major credit cards accepted
Restaurant: L'Astrolabe

Plaza-Athénée (8th)
25, avenue Montaigne
Tel: 47 23 78 33
Telex 650092
Major credit cards accepted
Restaurants: Régence Plaza
and Relais Plaza (one star)

P.L.M. St-Jacques (14th)
12, boulevard St-Jacques
Tel: 45 89 89 80
Telex 270740
Major credit cards accepted
Restaurants: Café Français
and Le Patio

Pont Royal (7th)
7, rue de Montalembert
Tel: 45 44 38 27
Telex 270113
Major credit cards accepted
Restaurant

Prince de Galles (8th)
33, avenue George-V
Tel: 47 23 55 11
Telex 280627
Major credit cards accepted
Restaurant

Ritz (1st)
15, place Vendôme,
Tel: 42 60 38 30
Telex 220262
Major credit cards accepted
Restaurant: L'Espadon (two
stars)

Royal Monceau (8th)
37, avenue Hoche
Tel: 45 61 98 00
Telex 650361
Major credit cards accepted
Restaurant: Le Jardin

Scribe (9th)
1, rue Scribe
Tel: 47 42 03 40
Telex 214653
Major credit cards accepted
Restaurant: Le Jardin des
Muses

Sofitel Bourbon (7th)
32, rue St-Dominique
Tel: 45 55 91 80
Telex 250019
Major credit cards accepted
Restaurant: Le Dauphin
(one star)

Sofitel Paris (15th)
8, rue L. Armand
Tel: 45 54 95 00
Telex 200432
Major credit cards accepted
(Indoor pool)
Restaurant: Le Relais (one
star)

La Trémoille (8th)
14, rue de la Trémoille
Tel: 47 23 34 20
Telex 640344
Major credit cards accepted

Victoria Palace (6th)
6, rue Blaise-Desgoffe
Tel: 45 44 38 16
Telex 270557
Major credit cards accepted
Restaurant

Warwick (8th)
5, rue de Berri
Tel: 45 63 14 11
Telex 642295
Major credit cards accepted
Restaurant: La Couronne
(one star)

Westminster (2nd)
13, rue de la Paix
Tel: 42 61 57 46
Telex 680035
Major credit cards accepted
Restaurant: Le Celadon
(one star)

Bordeaux

Frantel
5, rue R-Lateulade
Tel: 56 90 92 37
Telex 540565
Major credit cards accepted
Restaurant: Le Mériadeck

Grand Hôtel et Café de
Bordeaux
2, place Comédie
Tel: 56 90 33 44
Telex 541658
Major credit cards accepted

Novotel-Mérignac (near
Airport)
Tel: 56 34 10 25
Telex 540320
Major credit cards accepted
(Outdoor pool)
Restaurant

La Réserve (near Airport)
Av. Bourgailh
Tel: 56 07 13 28
Telex 560585
American Express, Visa
accepted
Restaurant

Sofitel Aquitania (near Parc
des Expositions)
Tel: 56 50 83 80
Telex 570557
Major credit cards accepted
(Outdoor Pool)
Restaurants: Le Flore, Le Pub

Lyon

Grand Hôtel des Beaux-Arts
75, rue Président E-Herriot,
69002
Tel: 78 38 09 50
Telex 330442
Major credit cards accepted

Grand Hôtel Concorde
11, rue Grolée, 69002
Tel: 78 42 56 21
Telex 330244
Major credit cards accepted
Restaurant: Le Florelle

Royal
20, place Bellecour, 69002
Tel: 78 37 57 31
Telex 310785
Major credit cards accepted
Restaurant

Sofitel
20, quai Gailleton, 69002
Tel: 78 42 72 50
Telex 330225
Major credit cards accepted
Restaurants: Les Trois
Dômes, Sofi Shop

Marseille

Concorde-Palm Beach (on
the Corniche)
2, promenade Plage, 13008
Tel: 91 76 20 00
Telex 401894
Major credit cards accepted
(Outdoor pool)
Restaurants: La Réserve,
Les Voiliers

Concorde-Prado
11, avenue Mazargues,
13008
Tel: 91 76 51 11
Telex 420209
American Express, Visa
accepted
Restaurant

Frantel
Rue Neuve St-Martin,
13001
Tel: 91 91 91 29
Telex 401886
Major credit cards accepted
Restaurants: L'Oursinade,
L'Oliveraie

Le Petit Nice (on the
Corniche)
Anse de Maldormé, 13007
Tel: 91 52 14 39
Telex 401565
American Express, Visa
accepted
(Outdoor pool)
Restaurant

Résidence Bompard
2, rue Flots-Bleus, 13007
Tel: 91 52 10 93
Telex 400430
American Express accepted

Sofitel Vieux Port
36, boulevard Ch.-Livon,
13007
Tel: 91 52 90 19
Telex 401270
Major credit cards accepted
(Outdoor pool)
Restaurant

Brussels

Amigo
rue Amigo 1, 1000
Tel: 511 5910; Telex 21618
Major credit cards accepted
Restaurant

Astoria
rue Royale 103, 1000
Tel: 217 6290; Telex 20540
Major credit cards accepted
Restaurant: Palais Royal

Brussels-Sheraton
place Rogier 3, 1210
Tel: 219 3400; Telex 26887
Major credit cards accepted
Restaurant

Hilton-International Brussels
boulevard Waterloo 38, 1000
Tel: 513 8877
Telex 22744
Major credit cards accepted
Restaurant: Plein Ciel (27th
Fl.)

Hyatt Regency Brussels
rue Royale 250, 1210
Tel: 219 4640; Telex 61871
Major credit cards accepted
Restaurant

Jolly Hotel Atlanta
boulevard A. Max 7, 1000
Tel: 217 0120; Telex 21475
Major credit cards accepted

President World Trade Center
boulevard Emile Jacqmain
180, 1210
Tel: 217 2020; Telex 61417
Major credit cards accepted
Restaurant

Royal Windsor Hotel
rue Duquesnoy 5, 1000
Tel: 511 4215; Telex 62905
Major credit cards accepted
Restaurant

Geneva

Beau Rivage
13, quai Mont Blanc, 1201
Tel: 31 02 21; Telex 23362
Major credit cards accepted
Restaurant: Le Chat Botté
(one star)

Les Bergues
33, quai Bergues, 1201
Tel: 31 50 50; Telex 23383
Major credit cards accepted
Restaurants: Le Pavillon
and l'Amphitryon

Grand Pré
35, rue Grand-Pré, 1202
Tel: 33 91 50; Telex 23284
Major credit cards accepted

Intercontinental
7, Petit Saconnex, 1211
Tel: 34 60 91; Telex 23130
Major credit cards accepted
(Indoor pool)
Restaurant: Les Continents

Noga Hilton
19, quai Mont-Blanc, 1201
Tel: 31 98 11; Telex 289704
Major credit cards accepted
(Indoor pool)
Restaurant: Le Cygne (one
  star)

Métropole
34, quai Général Guisan,
  1204
Tel: 21 13 44; Telex 421550
Major credit cards accepted
Restaurant: L'Arlequin
  (one star)

Paix
11, quai Mont Blanc, 1201
Tel: 32 61 50; Telex 22552
Major credit cards accepted
Restaurant

Président
47, quai Wilson, 1200
Tel: 31 10 00; Telex 22780
Major credit cards accepted
Restaurant: La Palmeraie

Ramada Renaissance
19, rue Zurich, 1201
Tel: 31 02 41; Telex 289109
Major credit cards accepted
Restaurants: La Toquade
  and la Cortille

Rhône
quai Turrettini, 1201
Tel: 31 98 31; Telex 22213
Major credit cards accepted
Restaurant: La Rôtisserie le
  Neptune (one star)

Richemond
Brunswick Garden, 1201
Tel: 31 14 00; Telex 22598
Major credit card accepted
Restaurant: Le Gentil-
  homme (one star)

If you are traveling to cities other than the ones men-
tioned here, you may wish to call SOFITEL/NOVOTEL or
HOTELS MERIDIEN in Paris, at the following numbers,
which are the main reservation offices: 60 77 27 27 (Sofitel/
Novotel) and 42 56 01 01 (Méridien). Sofitel/Novotel and
Méridien have hotels in many towns in France and in many
European cities.

MAJOR RESTAURANTS

Paris

Les Ambassadeurs—two
  stars
10, place de la Concorde
  (8th)
Tel: 42 65 24 24
Major credit cards accepted

Ambroisie—two stars
65, quai de la Tournelle (5th)
Tel: 46 33 18 65
American Express and Visa
  accepted

Le Bernardin—two stars
18, rue Troyon (16th)
Tel: 43 80 40 61

Bristol—two stars
112, rue du Faubourg
  St-Honoré (8th)
Tel: 42 66 91 45
Major credit cards accepted

Carré des Feuillants—two
  stars
14, rue de la Castiglione (1st)
Tel: 42 86 82 82
Major credit cards accepted

Chez Michel—two stars
10, rue Belzunce (10th)
Tel: 48 78 44 14
Major credit cards accepted

Chiberta—two stars
3, rue Arsène-Houssaye (8th)
Tel: 45 63 77 90
Major credit cards accepted

Le Divellec—two stars
107, rue de l'Université (7th)
Tel: 45 51 91 96
Major credit cards accepted

Duquesnoy—two stars
30, rue Bernardins (5th)
Tel: 43 54 21 13
Major credit cards accepted

Faugeron — two stars
52, rue de Longchamp (16th)
Tel: 47 04 24 53

Gérard Besson—two stars
5, rue Coq Héron (1st)
Tel: 42 33 14 74
Major credit cards accepted

Grand Véfour—two stars
17, rue Beaujolais (1st)
Tel: 42 96 56 27
Major credit cards accepted

Guy Savoy—two stars
23, rue Duret (16th)
Tel: 45 00 17 67
Major credit cards accepted

Jacques Cagna—two stars
14, rue des Grands
    Augustins (6th)
Tel: 43 26 49 39
Visa accepted

Jamin—three stars
32, rue de Longchamp (16th)
Tel: 47 27 12 27

Lasserre—two stars
17, avenue Franklin
    Roosevelt (8th)
Tel: 43 59 53 43

Lucas-Carton—three stars
9, place de la Madeleine (8th)
Tel: 42 65 22 90
Visa accepted

La Marée—two stars
1, rue Daru (8th)
Tel: 47 63 52 42
Major credit cards accepted

Michel Rostang—two stars
20, rue Rennequin
Tel: 47 63 40 77
Visa accepted

Pavillon Elysée—two
    stars
10, avenue des Champs
    Elysées (8th)
Tel: 42 65 35 10
Major credit cards accepted

Le Petit Bedon two stars
38, rue Pergolese (16th)
Tel: 45 00 23 66
Major credit cards accepted

Relais Louis XIII—two
    stars
1, rue Pont de Loti (6th)
Tel: 43 26 75 96
Major credit cards accepted

Ritz-Espadon—two stars
15, place Vendôme (1st)
Tel: 42 60 38 30
Major credit cards accepted

Taillevent—three stars
15, rue Lamennais (8th)
Tel: 45 61 12 90

Tour d'Argent—three stars
15, quai Tournelle (5th)
Tel: 43 54 23 21

Vivarois (Le)—two stars
192, avenue Victor Hugo
    (16th)
Tel: 45 04 04 31
Major credit cards accepted

Bordeaux

La Chamade—one star
20 rue Piliers de Tutelle
Tel: 56 48 13 74
American Express accepted

Clavel—one star
44 rue Ch.-Domercq
Tel: 56 92 91 52
Major credit cards accepted

Dubern—one star
42, allées Tourny
Tel: 56 48 03 44
Major credit cards accepted

Le Rouzic—one star
34 Cours du Chapeau rouge
Tel: 56 44 39 11
Major credit cards accepted

Le St-James—two stars
Place C. Hosteins (at
  Bouliac)
Tel: 56 20 52 19
Major credit cards accepted

Lyon

Léon de Lyon—two stars
1 rue Pleney
Tel: 78 28 11 33

Orsi—one star
3 place Kléber
Tel: 78 89 57 68
American Express, Visa
  accepted

Paul Bocuse—three stars
Pont de Collonges N
Tel: 78 22 01 40
Major credit cards accepted

Tour Rose—one star
16 rue Boeuf
Tel: 78 37 25 90
Major credit cards accepted

Vettard—two stars
7 place Bellecour
Tel: 78 42 07 59

Marseillle

Calypso—one star
3 rue Catalans
Tel: 91 52 64 22
Visa accepted

Jambon de Parme—one star
67 rue la Palud
Tel: 91 54 37 98
Major credit cards accepted

Max Caizergues
11 rue G-Ricard
Tel: 91 33 58 07
Major credit cards accepted

Michel—one star
6 rue Catalans
Tel: 91 52 64 22
Visa accepted

Brussels

Bruneau—two stars
avenue Broustin, 73, 1080
Tel: 427 6978
Major credit cards accepted

Carlton—two stars
boulevard Waterloo, 28,
  1000
Tel: 513 7831
Major credit cards accepted

Comme Chez Soi—three
  stars
place Rouppe 23, 1000
Tel: 512 2921
Major credit cards accepted

Cravache d'Or—two stars
place A. Leemans, 10, 1050
Tel: 538 3746
Major credit cards accepted

Dupont—two stars
avenue Vital-Riethuisen,
  46, 1080
Tel: 427 5450
Major credit cards accepted

L'Ecaillier du Palais
  Royal—two stars
rue Bodenbroek, 18, 1000
Tel: 512 8751
Major credit cards accepted

Eddie Van Maele—two
  stars
Chaussée Romaine, 964,
  1810
Tel: 478 5445

La Maison du Cygne—two
  stars
Grand Place, 9, 1000
Tel: 511 8244
Major credit cards accepted

L'Oasis—two stars
place Marie-José, 9, 1050
Tel: 648 4545
Major credit cards accepted

Villa Lorraine—two stars
avenue Vivier-d'oie, 75,
  1180
Tel: 374 3163
Major credit cards accepted

Geneva

L'Arlequin—one star
34, quai Général Guisan,
  1204
Tel: 21 13 44
Major credit cards accepted

Le Bearn—one star
4, quai de la Poste, 1204
Major credit cards accepted

Le Chat Botté—one star
13, quai Mont-Blanc, 1201
Tel: 31 65 32
Major credit cards accepted

Le Cygne—one star
19, quai Mont-Blanc, 1201
Tel: 31 98 11
Major credit cards accepted

Le Gentilhomme—one star
Brunswick Garden, 1201
Tel: 31 14 00
Major credit cards accepted

Parc des Eaux Vives—one
  star
82, quai Gustave-Ador, 1207
Tel: 35 41 40
Major credit cards accepted

La Perle du Lac—one star
128, route de Lausanne,1202
Tel: 31 79 35
Major credit cards accepted

Le Pont Route—one star
(Hostellerie de la Vendée)
28, chemin Vendée
Tel: 92 04 11
Major credit cards accepted

Le Vieux Moulin—two stars
89, route de Drize
Tel: 42 29 56
Major credit cards accepted

Ratings extracted from the *Red Michelin Guide,* 1986.

USEFUL ADDRESSES

In France (Paris)

Paris Chamber of
  Commerce and Industry
27, avenue de Friedland
75008
Centre National du
  Commerce Extérieur
10, avenue d' Iéna
75016
French-American Chamber
  of Commerce
7, rue Jean Goujon
75008
American Chamber of
  Commerce in France
21, avenue George V
75008

Customs Information Service
182, rue St.-Honoré
75001
Ministry of Industry and
  Foreign Trade
101, rue de Grenelle
75007
Export and Import Licenses
  Bureau
42, rue de Clichy
75436
French Industrial
  Development Agency
DATAR
1, avenue Charles Floquet
75007

ANIT (Public Information
Service)
8, avenue de l'Opéra
75001

International Chamber of
Commerce
38, cours Albert-ler
75008

International Monetary Fund
66, avenue d'Iéna
75016

French Chamber of
Commerce of Canada
11, avenue Franklin-
Roosevelt
75008

British Chamber of
Commerce
6, rue Halévy
75009

In Belgium (Brussels)

Belgian Foreign Trade Office
Boulevard Emile
Jacqumain 162
B-1000

Belgium National Tourist
Office
61, rue du Marché aux
Herbes
1000

Ministry of Economic Affairs
Square de Meeus 23
B-1000

In Switzerland
(Zurich)

Swiss-American Chamber
of Commerce
Talacker 49
8001

Swiss Federation of
Commerce and Industry
Borenstrasse 25
8022

Swiss National Tourist
Office
Bellariastrasse 38
8027

In the United States

S.O.F.T.E. General
Representative
610 Fifth Avenue
New York, New York 10020

French American Chamber
of Commerce
1350 Avenue of the
Americas
New York, New York 10019

F.I.D.A.
610 Fifth Avenue
New York, New York 10020

French Embassy/
Commercial Counselor
40 West 57th Street
New York, New York 10019

Belgian American Chamber
of Commerce
350 Fifth Avenue, Suite 703
New York, New York 10118

Consulate General of
Switzerland
444 Madison Avenue
New York, New York 10022

In Canada and
Great Britain

S.O.F.T.E. General
Representative
1981 McGill College, Suite
490
Montreal, Quebec H3A 2W9

S.O.F.T.E. General
Representative
Department 178 Piccadilly
London W1V OA1

French Embassy
Commercial Section
12 Stanhope Gate
London W1

French Chamber of
Commerce
54, Conduit Street
London W1

MAPS

The following maps of Europe, France, Switzerland and Belgium will be useful in doing business in French-speaking areas.

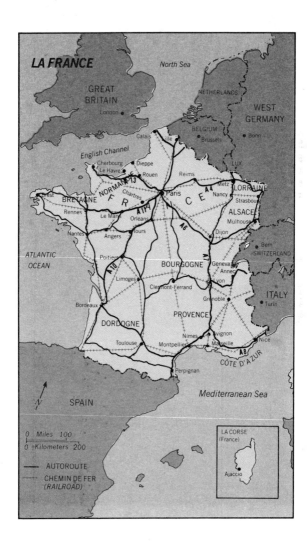

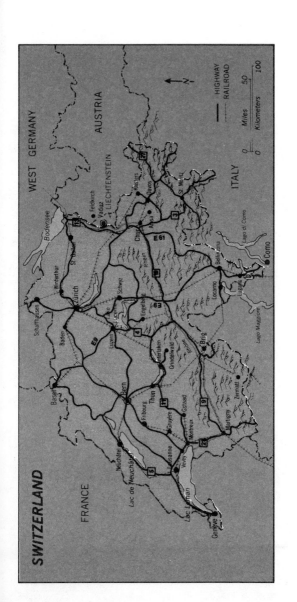

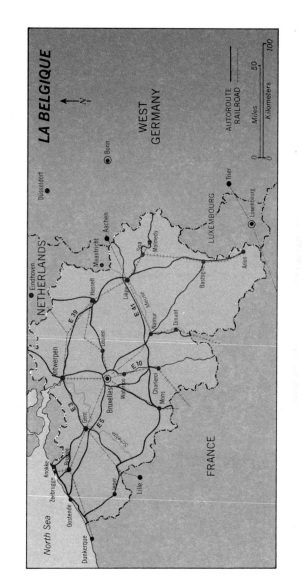

LA BELGIQUE

North Sea

NETHERLANDS

WEST GERMANY

FRANCE

LUXEMBOURG

Dunkerque
Zeebrugge
Knokke
Oostende
Brugge
Ieper
Lille
Gent
Antwerpen
Bruxelles
Leuven
Waterloo
Hasselt
Maastricht
Eindhoven
Aachen
Düsseldorf
Bonn
Spa
Malmedy
Liège
Namur
Dinant
Charleroi
Mons
Bastogne
Arlon
Luxembourg
Trier

Meuse
Schelde

E 3
E 5
E 39
E 10
E 41

AUTOROUTE
RAILROAD

Miles
0   50   100
Kilometers

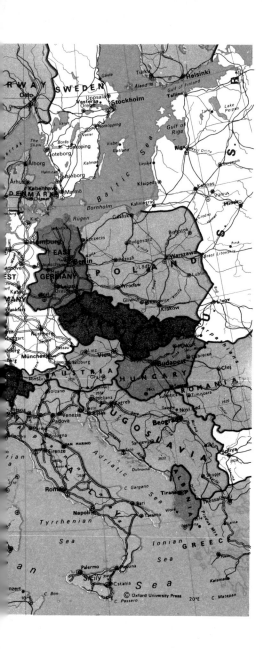

PARIS
Points of Interest

N

AV. DES TERNES

CHARLES

ULLE

s de
ogne

GRANDE ARMÉE

Pl. des Ternes

BD. DE COURCELLES

BATIGNOLLES

Place de Clichy

R. DU FAUBOURG   ST. HONORÉ

Gare St. Lazare

Pl. Charles de Gaulle

Arc de Triomphe

BD. HAUSSMAN

AV. FOCH

AV. DES CHAMPS ELYSÉES

Pl. de l'Ope

Ste. Made

VICTOR HUGO

AV. KLÉBER

Grand Palais

Petit Palais Pl. de la Concorde

Musée Jeu de Pa

Musée de l'Art Moderne

Pl. du Trocadéro

Palais de Chaillot

AV. DE NEW YORK

QUAI D'ORSAY

Jardin des

Assemblée Nationale

AV. KLÉBER

QUAI BRANLY

Tour Eiffel

Champ de Mars

Hôtel des Invalides

BD. RASPAIL

Palais la écouverte

Palais SUFFREN

Seine

BD. DE GRENELLE

EMILE ZOLA

RUE DE SEVRES

R. DE LA CONVENTION

RUE LECOURBE

R. DE

BD. DU

VAUGIRARD

Cimetié
Montparn

BD. VICTOR

R. DE

R. D'ALESIA

AV. DU MAINE

BD. DES INVALIDES

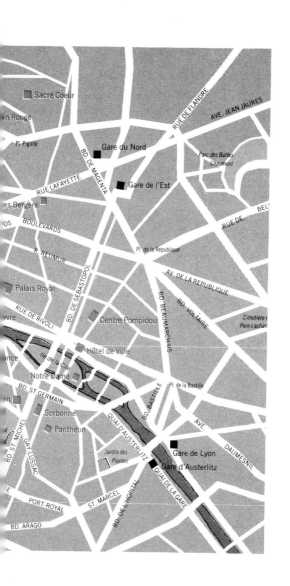

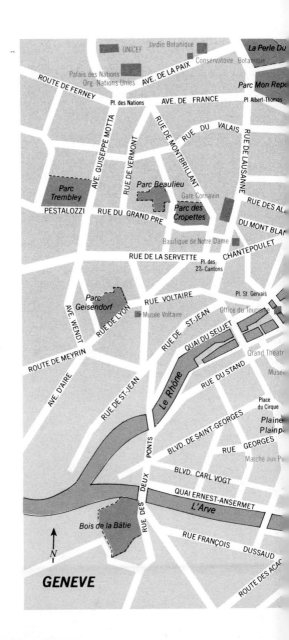

UNICEF Jardin Botanique

La Perle Du

Conservatoire Botanique

Palais des Nations
Org. Nations Unies AVE. DE LA PAIX

ROUTE DE FERNEY

Parc Mon Repo

Pl. des Nations AVE. DE FRANCE Pl. Albert-Thomas

RUE DU VALAIS

RUE DE LAUSANNE

RUE DES AL

Parc Beaulieu

Gare Cornavin RUE DES AL

Parc des
Cropettes DU MONT BLAN

PESTALOZZI RUE DU GRAND PRE

Basilique de Notre Dame

RUE DE LA SERVETTE CHANTEPOULET

Pl. des
22- Cantons

Parc
Geisendorf RUE VOLTAIRE Pl. St. Gervais

Musée Voltaire RUE DE ST-JEAN Office du Touri

QUAI DU SEUJET

Grand Théat

ROUTE DE MEYRIN Le Rhône RUE DU STAND Musé

AVE. D'AIRE Place
du Cirque

RUE DE ST-JEAN Plaine

Plainp

BLVD. DE SAINT-GEORGES RUE GEORGES

Marché aux P

BLVD. CARL VOGT

QUAI ERNEST-ANSERMET

L'Arve

Bois de la Bâtie RUE FRANÇOIS DUSSAUD

N RUE FRANÇOIS DUSSAUD

GENEVE ROUTE DES ACAC

Lac Leman
(Lake Geneva)

Genève-Plage

Place de
Trainant

Port Noir

Rive Gauche

Parc des Eaux Vives

Paquis-Plage

Parc La Grange

Jet D'Eau

AVE. WILLIAM FAVRE

QUAI G. ADOR

RUE DES EAUX VIVES

Jardin
Anglais

ROUTE DE FONTENEX

Île Rousseau

Horloge Fleurie

QUAI GENERAL GUISAN

RUE DU RHONE

Carrefour de
Rive

TERRASSIERE

CHE   CROIX D'OR   COURS DE RIVE

Musee de l'Horlogerie

FERDINAND-HODLER

Musée d'Histoire Naturelle

Hôtel de Ville

ROUTE DE MALAGNOU

D RUE   Cathédrale de St. Pierre

Eglise Orthodoxe Russe

Eglise St. Germain

Musee d'Instruments de Musique Anciens

Mur des Reformateurs

Musee de l'Art et d'Histoire

Musee de l'Athenée

AVE. KRIEG

romenade des
Bastions

Collections Baur

Petit Palais

ROUTE DE FLORISSANT

de
alais

Musée d'Art Moderne

Universite

Musee Jean-Jacques Rousseau

BLVD. DES   PHILOSOPHES

Parc Bertrand

AVE. PESCHIER

PONT D'ARVE

AVE. DE MIREMONT

AVE. DE CHAMPEL

AVE. LOUIS-AUBERT

CAROUGE

DANCET

BLVD. DE LA CLUSE

CHARLES-PAGE

CHEVAL BLANC

CAPO- D'ISTRIA

RTE. DE VEYRIER

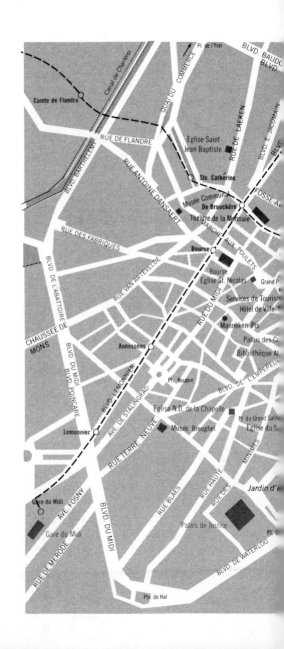

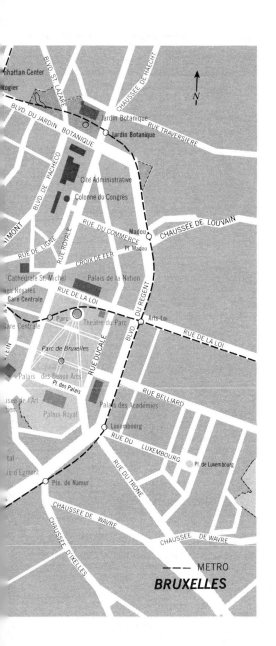

N

Manhattan Center
Rogier

BLVD. ST. LAZARE

BLVD. DU JARDIN BOTANIQUE

CHAUSSÉE DE HAECHT

Jardin Botanique

RUE TRAVERSIERE

Jardin Botanique

BLVD. DE PACHECO

Cité Administrative

Colonne du Congrès

RUE DU COMMERCE

CHAUSSÉE DE LOUVAIN

Madou

Pl. Madou

LIMONT

RUE DE LIGNE

RUE ROYALE

CROIX DE FER

Cathédrale St. Michel

RUE DE LA LOI

Palais de la Nation

es Royales
Gare Centrale

Parc

Théâtre du Parc

Arts-Loi

RUE DE LA LOI

BLVD. DU REGENT

Gare Centrale

TEIN

Parc de Bruxelles

RUE DUCALE

Palais des Beaux Arts

Pl. des Palais

RUE BELLIARD

ées de l'Art
ien

Palais Royal

Palais des Académies

Luxembourg

RUE DU LUXEMBOURG

Pl. de Luxembourg

tal
is d'Egmont

Pte. de Namur

RUE DU TRONE

CHAUSSÉE DE WAVRE

CHAUSSÉE DE WAVRE

CHAUSSÉE D'IXELLES

——— METRO

BRUXELLES